who? 근현대사

글 이준범

어린이 학습 만화 스토리 작가로서 재미와 유익함을 주는 이야기를 쓰고 있습니다. 주요 작품으로는 《브리태니커-파충류와 양서류》, 《LIVE 한국사 시리즈-고구려의 성장과 쇠퇴》, 《드래곤빌리지2 수학탐정스쿨》, 《who? 스페셜 손석희》 등이 있습니다.

그림 노이정

학습 만화와 웹툰을 오가며 다방면으로 활동 중입니다. 1999년 순정 만화 《두 가지 색 이야기》로 데뷔했으며, 주요 작품으로 《허브 캔디》, 《비지터》, 《동명성왕 주몽》, 〈세계명작 만화 컬렉션〉 시리즈 중 《명탐정 셜록 홈스》, 《알프스 소녀 하이디》, 《호두까기 인형》 등이 있습니다.

추천 황현필

인문계 고교 교사로 7년 동안 재직 후 EBS와 공무원 등 수험 한국사를 가르쳤습니다. 이후 유튜브 '황현필 한국사' 채널에서 누구나 쉽게 접할 수 있는 대중적인 역사 강의를 하고 있습니다.

 근현대사

유관순

초판 1쇄 발행 2025년 7월 1일
초판 2쇄 발행 2025년 10월 31일

글 이준범 **그림** 노이정 **표지화** 신춘성

펴낸이 김선식
펴낸곳 다산북스

부사장 김은영
어린이사업부총괄이사 이유남
책임기획 강푸른 **책임편집** 강푸른 **디자인** 김은지
책임마케터 김희연
어린이콘텐츠사업1팀장 박정민 **어린이콘텐츠사업1팀** 김은지 강푸른 류지형 이수민
어린이마케팅본부장 최민용 **어린이마케팅1팀** 안호성 이예주 김희연 **기획마케팅팀** 류승은 박상준
저작권팀 성민경 이슬 윤제희 **편집관리팀** 조세현 김호주 백설희
재무관리팀 하미선 임혜정 이슬기 김주영 오지수
인사총무팀 강미숙 김혜진 이정환 황종원
제작관리팀 이소현 김소영 김진경 유미애 이지우 황인우
물류관리팀 김형기 김선진 주정훈 양문현 채원석 박재연 이준희 문명식
외부 스태프 정보글 장효선

출판등록 2005년 12월 23일 제313-2005-00277호
주소 경기도 파주시 회동길 490
전화 02-704-1724 **팩스** 02-703-2219
다산어린이 카페 cafe.naver.com/dasankids **다산어린이 블로그** blog.naver.com/stdasan
종이 스마일몬스터 **인쇄** 한영문화사 **코팅 및 후가공** 평창피엔지 **제본** 대원바인더리

ISBN 979-11-306-6819-2   14990

who? 근현대사
유관순

다산
어린이

올바른 역사 교육의 시작, who? 근현대사

근현대사는 우리에게 가장 가까운 역사이자 현재 살아 있는 역사입니다. 그중에 빼앗긴 나라를 되찾기 위해 전개된 독립운동사는 대한민국 사람이라면 꼭 알고 있어야 하는 내용입니다.

이 나라의 미래인 어린이들이 근현대사와 독립운동사를 반드시 알아야 할 이유가 있습니다. 역사를 올바른 시선으로 보는 법을 배우고, 어려움을 극복한 여러 인물과의 만남을 통해 교훈을 얻음으로써 어린이가 스스로 성장하는 데 도움이 되기 때문입니다. 또한 내가 살고 있는 이 나라 대한민국을 올바르게 사랑하는 애국심을 기르기 위함이 역사 교육의 가장 중요한 목적이 될 것입니다.

저는 일제강점기를 살았더라면 당연히 독립운동했을 것이라는 확고한 신념이 있었습니다.

어느 겨울날 아침 일찍 강의를 위해 집을 나서기 전, 잠든 제 아이들의 볼에 입을 맞추었습니다. 아이들의 볼에서 전해지는 따스한 온기를 느끼자, 추운 집 밖으로 나가기가 싫어지며 다시 침대에 눕고 싶은 마음이 요동쳤습니다. 그 순간, 만주 벌판에서 혹독한 겨울을 견디며 총을 들고 싸웠던 수많은 독립군이 떠올랐습니다.

"내가 일제강점기를 살았더라면, 독립운동을 위해 눈에 넣어도 아프지 않은, 사랑하는 나의 아이들을 두고 생사를 장담할 수 없는 춥디추운 만주 벌판으로 나설 수 있었을까?"

독립운동가들은 존경받아야 합니다.

〈who? 근현대사〉 시리즈는 일제강점기 당시 조국의 독립을 위해 헌신한 인물들을 소개하고 있습니다. 임시정부를 이끌면서 독립운동의 상징적 인물이 된 김구, 봉오동과 청산리에서 일본군을 무찌른 대한독립군 사령관 홍범도, 사회적으로 취약했던 어린이의 인권을 존중하며 소년 운동을 주도한 방정환, 일제강점기 우리 한글을 지켜낸 주시경, 죽는 날까지 하늘을 우러러 한 점 부끄럼이 없었던 저항 시인 윤동주 등 독립운동가들의 발자취 속에서 좌절과 시련을 이겨내고, 희망으로 나아가는 길을 경험하게 될 것입니다. 이 시리즈에서 다루는 인물들의 이야기는 단순한 '역사적 기록'이 아니라, 어린이들에게 용기와 올바른 가치를 심어 주는 '교훈'입니다.

〈who? 근현대사〉 시리즈를 읽으며 대한민국의 미래가 되는 우리 어린이들이 독립운동가를 존경하는 마음을 갖고, 올바른 역사관을 키워 나가길 기대합니다.

한 가지 더 부모님께 당부드립니다. 만약 아이들이 "우리나라는 어떻게 일본으로부터 독립할 수 있었나요?" 하고 묻는다면 이렇게 답해 주세요.

"태평양 전쟁에서 일본이 미국에 패배하면서 우리가 독립을 맞이할 수 있었던 것은 사실이란다. 하지만 그보다 더 중요한 건, 수많은 독립운동가의 희생과 노력이 있었기 때문에 우리가 '완전한 독립'을 얻을 수 있었다는 거야. 그래서 우리는 독립운동가를 기억하고 존경해야 한단다."

황현필 역사바로잡기연구소장

황현필 선생님은 인문계 고등학교에서 역사를 가르쳤습니다. 이후 EBS와 공무원 강의를 통해 한국사를 가르치다 유튜브 '황현필 한국사' 채널을 개설하고 누구나 쉽게 접할 수 있는 대중적인 역사 강의를 하고 있습니다. 2023년에는 남해를 '이순신해'로 병행표기하자는 의견을 제시하고, 국회의원들과 함께 입법 발의를 이끌어 내기도 했습니다. 또, '기억하는 자들이 사라지면, 역사는 왜곡된다'는 신념을 가지고 일제강점기 독립운동을 부정하는 사람들에 맞서 올바른 역사관을 심어 주려고 노력하고 있습니다. 대표 저서로는 《황현필의 진보를 위한 역사》, 《이순신의 바다》, 《어린이를 위한 이순신의 바다 1·2》, 《황현필의 한국사 평생 일력》, 《요즘 역사》 등이 있습니다.

황현필 역사바로잡기연구소장님의 한국사 강의를 만나 보세요. ▲

세계적인 리더로 성장하기 위한 밑거름

〈who?〉 시리즈는 어린이들은 물론 어른들에게도 재미와 감동을 주는 교양 만화입니다. 대한민국은 물론 전 세계에 영향력을 끼친 인물들로 구성되었으며, 인물들의 삶과 사상을 객관적으로 전해 줍니다. 이처럼 다양한 분야에서 활약한 인물들의 이야기를 통해 과학, 예술, 정치, 사상에 관한 정보는 물론이고, 시대별 문화와 역사까지 배우게 될 것입니다.

〈who?〉 시리즈의 가장 큰 장점은 인물들이 그들의 삶에서 겪은 기쁨과 슬픔, 좌절과 시련, 감동을 어린이들이 함께 느낄 수 있다는 것입니다. 어린이 독자들이 인물들을 통해 자신만의 멘토를 만나 세계적인 리더로 성장하기를 진심으로 응원합니다.

존 덩컨 미국 UCLA 동아시아학부 교수
한국학 분야의 세계적인 석학으로, 미국 UCLA 한국학연구소 소장 및 동 대학의 동아시아학부 교수를 겸직하고 있습니다.

세상을 더 나은 곳으로 만든 사람들의 이야기

어린이들은 자라면서 수많은 궁금증을 가지게 됩니다. 그중에서도 "저 사람은 누굴까?"라는 질문은 종종 아이들의 머릿속을 온통 지배해 버리기도 합니다. 〈who?〉 시리즈는 그런 궁금증을 해결해 주기 위해 다양한 분야의 인물들을 소개하고 있습니다.

〈who?〉 시리즈에 등장하는 인물들은 인종과 성별을 넘어 세상을 더 나은 곳으로 만든 사람들입니다. 어린이들은 이 책에서 디지털 아이콘으로 불리는 스티브 잡스는 물론 니콜라 테슬라와 같은 천재 발명가를 만날 수 있습니다.

책 속 주인공들의 어린 시절 이야기를 통해 기쁨과 슬픔, 도전과 성취감을 맛보고, 그들과 함께 성장하면서 인류에 도움이 되는 사람이 되겠다는 포부와 자신감을 갖게 될 것입니다.

에드워드 슐츠 하와이주립대학교 언어학부 교수
하와이주립대학교 언어학부 교수이자, 동 대학교 한국학센터 한국학 편집장을 역임한 세계적인 석학입니다. 현재 한국과 미국, 일본을 오가며 활발하게 활동하고 있습니다.

미래 설계의 힘을 얻는 길이 여기에

어린 시절 만난 한 권의 책이 인생에 미치는 영향이 얼마나 큰지는 꿈을 이룬 사람들을 통해서 알 수 있습니다. 빌 게이츠는 오늘날 자신을 만든 것은 동네의 작은 도서관이었다고 말하고, 오프라 윈프리는 어린 시절 유일한 친구는 책이었음을 고백하며 독서의 중요성에 대해 이야기합니다.

꿈을 이룬 사람들의 공통점은 또 있습니다. 그들에게는 어린 시절, 나만의 특별한 위인이 있었습니다. 버락 오바마, 빌 게이츠, 조앤 롤링, 스티브 잡스 등 세상을 바꾼 사람들의 감동적인 이야기를 담은 〈who?〉 시리즈는 어린이들이 희망찬 미래를 그리고 구체적인 목표를 설정할 수 있도록 도와 줄 친구이면서 안내자입니다.

송인섭 한국영재교육학회 회장
자기 주도 학습 분야의 최고 권위자로, 한국영재교육학회 회장입니다. 한국교육심리연구회 회장, 한국교육평가학회장, 한국영재연구원 원장을 역임했습니다.

평생을 이끌어 줄 최고의 멘토를 만나다

국제회의 통역사로 30년 동안 활동하면서 세계적인 리더들을 만났던 저는 대한민국의 초등학생들에게 특별한 조언을 해 주고 싶습니다. 그것은 큰 꿈을 가지라는 것입니다. 꿈은 힘들고 지칠 때 나를 이끌어 주는 힘이고 내 인생의 주인이 되어 일어설 수 있게 하는 원동력이 되어 줍니다. 저 역시 어린 시절 품었던 꿈 덕분에 괴롭고 힘들어도 포기하지 않고 다시 일어설 수 있었습니다.

어린 시절 저에게도 용기를 불어넣어 주고 힘이 되어 주었던 분들이 있었습니다. 지금의 자리로 저를 이끌어 준 멘토들처럼 〈who?〉 시리즈에서 여러분의 친구이자 형제, 선생님이 되어 줄 멘토를 만날 수 있기를 바랍니다.

최정화 우리나라 최초 국제회의 통역사
우리나라 최초의 국제회의 통역사로 한국외국어대학교 번역대학원 교수입니다. 세계에서 꿈을 펼치려고 하는 소년들에게 멘토의 역할을 충실히 하고 있습니다.

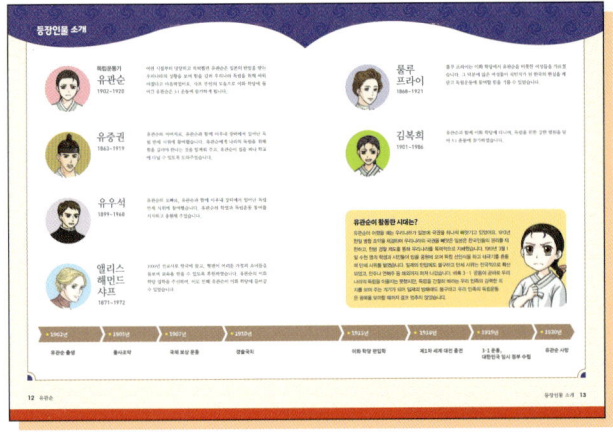

등장 인물 소개

본문 만화에 나오는 중심 인물을 비롯하여 나오는 인물들을 소개합니다. 이야기를 읽기 전 인물에 대해 미리 알아볼 수 있어요.

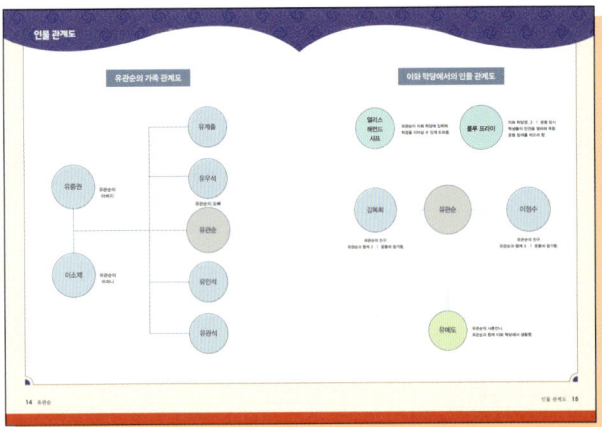

인물 관계도

이야기 속 여러 인문들의 관계를 한눈에 보여 줍니다. 이야기 흐름을 파악하는 데 도움을 줄 거예요.

인물 만화

우리나라 역사 인물들을 만화로 만나면 어렵고 딱딱한 역사도 쉽고 재미있게 즐길 수 있어요.

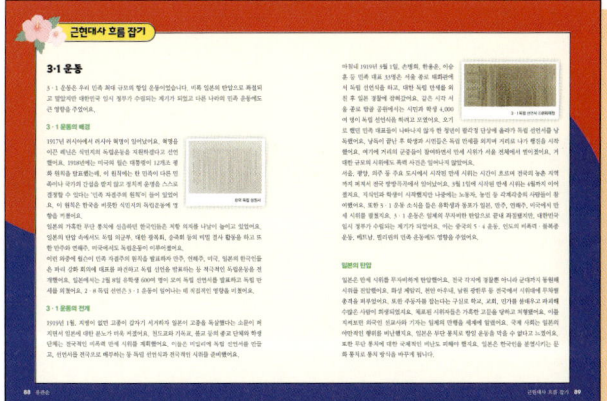

근현대사 흐름 잡기

생생한 사진과 자세한 해설로 근현대사 흐름을 알려 주어 다양한 교과 연계 학습이 가능합니다.

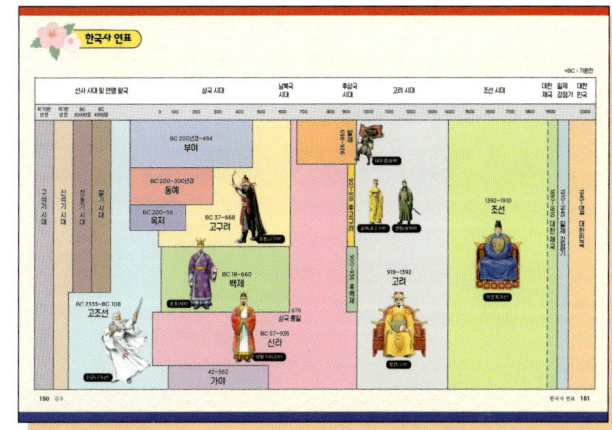

한국사 연표

선사 시대부터 현재까지 이어진 한국사 전체 연표로 역사의 전체 흐름을 이해할 수 있어요.

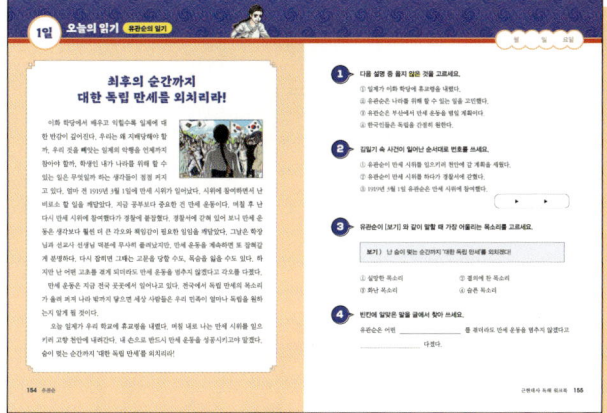

근현대사 독해 워크북

하루에 하나씩 지문을 읽고 문제를 풀어 보세요. 하루하루가 쌓여 문해력이 향상됩니다.

차례

독립운동가
유관순
1902~1920

어린 시절부터 당당하고 씩씩했던 유관순은 일본의 탄압을 받는 우리나라의 상황을 보며 힘을 길러 우리나라 독립을 위해 싸워야겠다고 마음먹었어요. 샤프 부인의 도움으로 이화 학당에 들어간 유관순은 3·1 운동에 참가하게 됩니다.

유중권
1863~1919

유관순의 아버지로, 유관순과 함께 아우내 장터에서 일어난 독립 만세 시위에 참여했습니다. 유관순에게 나라의 독립을 위해 힘을 길러야 한다는 것을 일깨워 주고, 유관순이 집을 떠나 학교에 다닐 수 있도록 도와주었습니다.

유우석
1899~1968

유관순의 오빠로, 유관순과 함께 아우내 장터에서 일어난 독립 만세 시위에 참여했습니다. 유관순의 학업과 독립운동 참여를 지지하고 응원해 주었습니다.

앨리스 해먼드 샤프
1871~1972

1900년 선교사로 한국에 왔고, 형편이 어려운 가정의 소녀들을 돌보며 교육을 받을 수 있도록 후원하였습니다. 유관순의 이화 학당 입학을 주선하여, 이로 인해 유관순이 이화 학당에 들어갈 수 있었습니다.

1902년	1905년	1907년	1910년
유관순 출생	을사조약	국채 보상 운동	경술국치

룰루
프라이
1868~1921

룰루 프라이는 이화 학당에서 유관순을 비롯한 여성들을 가르쳤습니다. 그 덕분에 많은 여성들이 식민지가 된 한국의 현실을 깨닫고 독립운동에 참여할 힘을 기를 수 있었습니다.

김복희
1901~1986

유관순과 함께 이화 학당에 다니며, 독립을 위한 강한 염원을 담아 3·1 운동에 참가하였습니다.

유관순이 활동한 시대는?

유관순이 어렸을 때는 우리나라가 일본에 국권을 하나씩 빼앗기고 있었어요. 1910년 한일 병합 조약을 체결하며 우리나라의 국권을 빼앗은 일본은 한국인들의 권리를 제한하고, 헌병 경찰 제도를 통해 우리나라를 폭력적으로 지배했습니다. 1919년 3월 1일 수천 명의 학생과 시민들이 탑골 공원에 모여 독립 선언식을 하고 태극기를 흔들며 만세 시위를 벌였습니다. 일제의 탄압에도 불구하고 만세 시위는 전국적으로 확산되었고, 만주나 연해주 등 해외까지 퍼져 나갔습니다. 비록 3·1 운동이 곧바로 우리나라의 독립을 이끌지는 못했지만, 독립을 간절히 바라는 우리 민족의 강력한 의지를 보여 주는 계기가 되어 일제의 방해에도 불구하고 우리 민족의 독립운동은 광복을 맞이할 때까지 결코 멈추지 않았습니다.

1915년	1918년	1919년	1920년
이화 학당 편입학	제1차 세계 대전 종전	3·1 운동, 대한민국 임시 정부 수립	유관순 사망

유관순의 가족 관계도

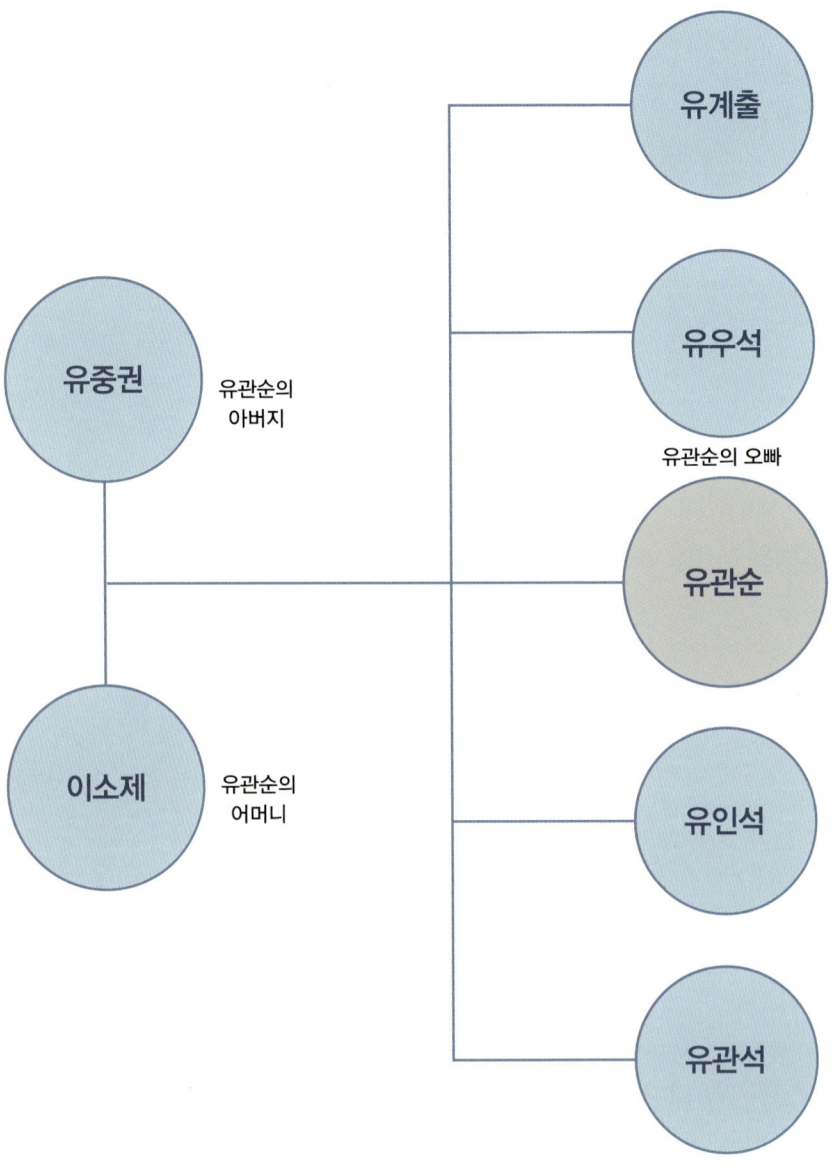

유중권　유관순의 아버지

이소제　유관순의 어머니

유계출

유우석　유관순의 오빠

유관순

유인석

유관석

이화 학당에서의 인물 관계도

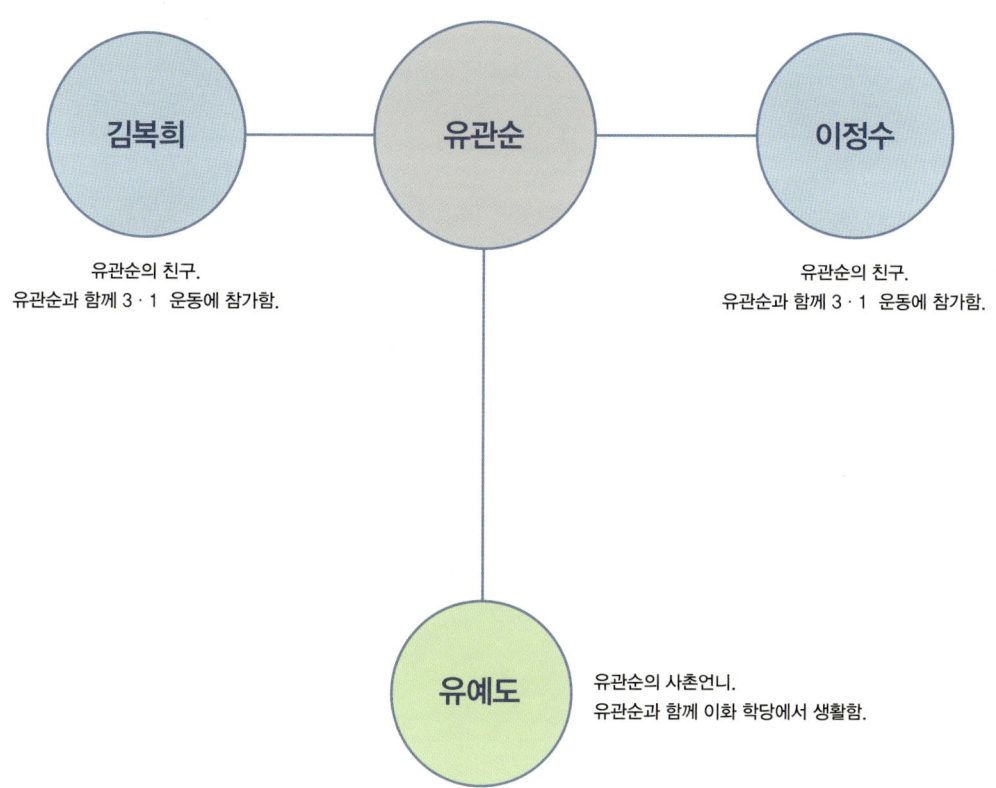

앨리스 해먼드 샤프
유관순이 이화 학당에 입학해 학업을 이어갈 수 있게 도와줌.

룰루 프라이
이화 학당장. 3 · 1 운동 당시 학생들의 안전을 염려해 독립 운동 참여를 막으려 함.

김복희
유관순의 친구.
유관순과 함께 3 · 1 운동에 참가함.

유관순

이정수
유관순의 친구.
유관순과 함께 3 · 1 운동에 참가함.

유예도
유관순의 사촌언니.
유관순과 함께 이화 학당에서 생활함.

지금으로부터 100여 년 전, 우리나라가 일본의 식민지였던 시절 누구보다 간절하게 대한 독립을 꿈꾸던 소녀가 있었습니다.

하아 하아

아름답다.

이 아름다운 나라를 반드시 되찾을 거야.

그 소녀는 장난기 많고 남을 돕기를 좋아했습니다.

하지만 식민 지배라는 현실은 소녀로 하여금 독립에 대한 뜨거운 열망을 갖게 하였습니다.

가족과의 이별과 모진 고문으로도 꺾을 수 없었던, 3·1 만세 운동의 상징과도 같은 인물. 유관순 열사의 불꽃같은 이야기가 시작됩니다.

1 🌸 대장이 되고 싶었던 소녀

유관순은 1902년 12월 16일, 충청남도 목천군 이원동면 지령리에서 3남 2녀 중 셋째 아이로 태어났습니다.

이겨라!

이겨라!

태어날 때부터 체격이 크고 당당했던 유관순은 어린 시절 씩씩하고 장난을 좋아했습니다.

부들 부들

이, 이제 그만 포기하시지?

너야말로 아프면 지금이라도 졌다는 걸 인정해!

혹시 우리 관순이 못 봤니?

엇? 관순이네 오라버니잖아?

관순이 여기 있어요!

어? 방금 여기 있었는데?

왁!

으악, 깜짝이야!

요 녀석! 깜짝 놀랐잖아!

아코!

쳇, 오라버니는 겁이 너무 많아.

갑자기 튀어나오면 누구라도 놀라는 법이다.

넌 어쩌자고 여자아이가 사내아이들과 장난이나 쌈질이나 하고……

몰라, 안 들려! 안 들을 거야!

무쇠골격 돌주먹 청년 남아야~ 샘물이 돌고 돌아~

너 그 노래가 무슨 뜻인지는 알고 부르는 것이냐?

동네 청년 오라버니들이 부르는 거 들었다 뭐.

함부로 그런 노래를 부르고 다니다가 큰일을 치를 수도 있어.

1905년, 대한 제국은 러일 전쟁에서 승리한 일본에 의해 강제로 외교권을 박탈당한 상태였습니다.

대한 제국을 빼앗으려 드는 일본에 대항해서 싸우느라 저렇게 총소리가 나는 것이지.

일본은 왜 우리나라를 빼앗으려 드는 건데요?

그러게나 말이다.

그러니까 빼앗으려 드는 일본 때문에 억지로 싸운다는 거죠?

그럼 의병들이 일본 사람을 다 부숴 버렸으면 좋겠어!

하하..

왜 이리 소란스러운 게냐.

아버지!

왜들 마당에 나와 있는 것이오?

아이들이 막 집에 온 참이었어요.

요즘 밖이 매우 위험하니 늦게까지 돌아다니는 일이 없도록 하여라.

죄를 짓지 않았어도 큰 화를 당할 수 있느니라.

네, 아버지.

관순이 너는 요즘도 사내아이들이랑 어울려 다니느냐?

그게 아니고요….

여자아이가 집에서 어머니 일을 도울 생각을 해야지 어딜 그렇게 쏘다니는지….

그래도 관순이가 일본 군인들을 모조리 부숴 버려야 한다고 이야기하고 있었습니다. 너무 나무라지 마셔요.

부숴 버려?

저들이 폭력을 휘두른다고 해서 우리가 똑같이 하면 문제가 해결될 것 같으냐?

모든 일은 떳떳하고 올바르게 해야 하는 법이다.

예, 아버지….

안 그래도 그 일로 할 이야기가 있으니 모두 안으로 들어가자.

아버지는 네가 걱정되어서 그러시는 거야. 너무 풀 죽지 마라.

…….

유관순의 아버지 유중권은, *단발령이 내려졌음에도 상투머리를 유지할 정도로 고지식한 사람이었습니다.

아버지는 나한테만 엄하셔. 내가 여자아이라서 그러신 거겠지?

* 단발령 1895년 12월에 내려진 상투를 자르고 서양식 머리를 하라는 조정의 명령.

부인은 이미 알고 있겠지만 지금 세상은 국채 보상 운동이 한창이오.

국채 보상 운동? 그게 뭐예요?

합

우석이 넌 국채 보상 운동이 무엇인지 알고 있느냐?

예, 아버지.

국채 보상 운동은 우리 조선이 일본에 진 빚을 갚기 위해 전 백성이 힘을 모으자는 운동입니다.

일본은 대한 제국을 식민지로 만들기 위해 강제로 1,300만 원이라는 막대한 빚을 떠안겼습니다. 이에 대한 제국의 국민들은 스스로 힘을 모아 일본에 빚을 갚자는 운동을 벌였습니다.

우석이 말이 맞다. 뜻이 있는 사람들은 조금이라도 힘을 보태 일본이 떠안긴 빚을 갚자는 소리를 높이고 있는 중이야.

그래서 우리 마을 사람들도 작은 힘이나마 보태기로 했소.

그렇군요!

좋은 생각이에요, 아버지.

관순이, 너도 내일 한번 보렴. 힘으로 맞서지 않고 문제를 해결하는 것이 무엇인지 알 수 있을 거다.

!

힘으로 맞서지 않고 문제를 해결하는 방법?

하지만 기쁨도 잠시, 일본은 국채 보상 운동을
벌였던 지령리 교회에 불을 질렀습니다.
1907년 11월의 일이었습니다.

비키시오!
이대로 두면 교회가 다
불타 버립니다!

너희야말로 저리
비키지 못해!

대체 교회에
무슨 죄가 있다고 불을
지르는 것이오!

교회에서
의병을 숨겨 주었다는
제보가 있었다.

1910년, 일본은 기어이 강제로 한일 병합 조약을 맺고 대한 제국의 주권을 빼앗았습니다.

나라가 완전히 일본에 넘어가 식민지가 되었으니 말이다.

오라버니의 어깨가 무겁겠다!

그래, 네 말이 맞다.

팡 팡

이럴 때일수록 공부를 더 열심히 해서 힘을 길러야지!

관순이도 학교에 다니고 싶을 텐데…….
누구보다 영민한데 여자아이로 태어난 것이 아쉽구나.

우리도 가 보자!

후다닥

어? 마을 어른들이 어딜 가시는 거지?

과, 관순아!

일본은 식민지가 된 대한 제국 국민들의 밭에 강제로 뽕나무를 심게 하여 곡식을 생산하지 못하도록 했습니다.

우린 이제 일본의 식민지니까 일본 말에 무조건 복종해야 한다는 걸 잊지 마세요.

어흐흑

이런 일에 앞장선 사람들 중에는 일본 편으로 돌아선 대한 제국 사람들도 섞여 있었습니다.

저런 나쁜 놈들!

같은 대한 사람끼리 어찌 이럴 수가 있단 말이냐!

오빠 참아.

저런 짓을 참으라고?

지금 혼자 나서 봐야 아무것도 이룰 수 없어. 지금은 참아야 해.

과, 관순아……

힘을 길러야 해.
힘이 필요해.

앞으로의 세상에서
지식은 반드시 힘이 될 거야.
학교에 갈 순 없지만
나도 어떻게든…….

관순이
아직 안 자느냐?

그냥 재미로 읽는 거예요. 학교에 가고 싶다거나 그런 건 아니고…….

네가 무슨 생각하는지 안다. 널 여자아이라서 차별한다고 생각하겠지.

네?

놀랄 것 없다. 나는 그런 사람이었으니까.

마을 사람들이 너도나도 교회에 나가는데도 나만은 조상에 대한 제사를 포기할 수 없어서 상투도 자르지 않았으니까.

아버지…….

하지만 시대가 변했구나. 나라가 통째로 일본에 넘어갔는데, 나라를 위하는 일에 남녀가 어디 있겠느냐.

너는 똑똑하니 열심히 신학문을 배워 나라에 보탬이 되는 사람이 되도록 하거라.

하지만 집안 형편이 이렇게 어려운데…….

게다가 우리 밭에도 뽕나무를 심어야 하잖아요.

…….

사부인이 널 이화 학당 장학생으로 추천했다는 이야기를 듣고 오는 길이다.

사부인이요?

사부인은 유관순이 사는 마을 학교에 선교사로 와 있던 샤프 부인입니다. 마을 사람들은 그녀 이름의 첫 글자를 따 사부인이라 불렀습니다.

사부인께서 관순이 네가 평소 행실도 바르고 교회에서도 누구보다 똑똑한 모습을 자주 보여서 기회를 주고 싶다더구나.

1915년, 유관순은 선교사였던 샤프 부인의 추천과 아버지 유중권의 결단으로 이화 학당에 입학할 수 있게 되었습니다.

국권 피탈의 과정

러일 전쟁 이후 일본은 대한 제국의 국권을 침탈하기 위해 강제로 여러 조약을 체결합니다. 이에 맞서 우리 조상들은 의병 운동을 펼치며 지속적으로 항쟁했습니다.

을사조약

을사조약은 일본이 대한 제국의 외교권을 박탈하려고 1905년에 강제로 체결한 조약이에요. 1904년, 일본은 만주와 한반도를 지배하기 위해 러시아와 전쟁을 일으켰습니다. 이를 러일 전쟁이라고 하지요. 러일 전쟁이 시작되자 일본은 대한 제국의 중립 선언을 무시하고 강제로 한일 의정서를 체결하면서 한반도를 일본의 군사 기지로 사용했어요. 러시아를 견제하던

을사조약이 강제로 체결된 중명전 ©문화재청

미국, 영국은 일본을 경제적으로 지원했지요. 일본은 러일 전쟁에서 승리하자 미국 포츠머스에서 러시아와 강화 조약을 맺었어요. 이 조약으로 일본은 한반도에 대한 독점적 지배권을 확립했습니다.

1905년 일본은 대한 제국에 이토 히로부미를 보내 일본이 대한 제국의 보호국이 된다는 내용의 조약을 고종에게 들이밀었어요. 고종은 이를 거부했습니다. 일본은 일본군을 동원해 위협적 분위기를 조성하고 조정 대신들을 압박했어요. 결국 고종의 허락 없이 대신 5명이 조약 체결에 찬성하면서 을사조약이 승인됐어요. 이때 찬성한 박제순, 이지용, 이근택, 이완용, 권중현을 '을사오적'이라고 부르지요.

을사조약으로 대한 제국은 일본에 외교권을 빼앗겼습니다. 대한 제국은 일본의 허락 없이는 그 어떤 국제 조약이나 약속도 맺을 수 없게 되었지요. 또한 한성에 일본의 통치 기구인 통감부가 설치되어 식민지 지배의 토대가 되었어요.

고종은 미국과 네덜란드 헤이그에 특사를 파견하여 을사조약이 불법임을 알리려고 했어요. 하지만 대한 제국의 목소리에 힘을 실어 준 세계열강은 없었습니다.

경술국치

일본은 헤이그 특사 파견을 빌미로 고종을 강제로 퇴위시키고, 순종을 즉위시켰어요. 이후 일본은 대한 제국의 내정을 장악하고 군대를 해산한 후 사법권과 경찰권을 빼앗았습니다. 이렇게 대한 제국을 식민지로 만들기 위한 단계를 차근차근 밟아 나가던 일본은 결국 1910년 8월 22일 이완용과 한국 통감 데라우치를 통해 한일 병합 조약을 강제로 체결했습니다. 일주일 후인 8월 29일, 일본은 조약을 공포하고 순종을 퇴위시켰어요. 이로써 대한 제국은 국권을 상실하고 일본의 식민지가 되었습니다.

대한 제국의 마지막 황제, 순종
ⓒ독립기념관

항일 의병 운동

의병은 나라가 외적의 침입으로 위급할 때 외적에 대항하여 싸우기 위해 자발적으로 모인 군대를 말해요. 항일 의병은 일본의 침략에 맞서 일어난 의병이지요.

1895년 일본이 명성 황후를 시해한 사건인 을미사변이 일어났어요. 같은 해 을미개혁이 시작되면서 서양식으로 짧게 머리를 깎으라는 단발령이 발표되자 유교 전통을 지킬 것을 주장한 유인석, 이소응 등 유학자들이 주도한 항일 의병 투쟁이 시작되었어요. 농민과 전국에 남아 있던 동학 농민군이 참여하며 의병 운동은 전국적으로 퍼져 나갔어요. 그러나 고종이 단발령을 철회하고 해산을 권유하자 대부분 해산했지요. 이들을 '을미의병'이라고 해요.

1905년 일본의 침략이 본격화되고 을사조약이 체결되자 전국 각지에서 백성들이 분노해 '을사의병'을 일으켰어요. 이번에도 최익현, 민종식 같은 유학자가 중심이 되었지만, 신돌석 등의 평민 의병장도 크게 활약했어요.

1907년 일본이 고종을 강제로 퇴위시키고, 대한 제국의 군대를 해산시키면서 또다시 의병이 전국적으로 확산되었어요. 해산된 군인들이 신식 무기를 가지고 참여하면서 의병 운동은 더 조직화되고 전투력이 더욱 향상되었지요. 이들은 '정미의병'이라고 불려요. 여기에는 농민, 군인, 유학자, 포수 등 다양한 계층이 참여했어요. 정미의병의 항쟁이 점차 거세지자 일본은 남한 대토벌 작전을 전개했어요. 이런 일본의 탄압에도 1910년까지 활동을 이어가던 정미의병은 간도와 연해주로 건너가 항일 항쟁을 계속했어요.

2 🌸 이화 학당의 생활

유관순은 자신을 추천한 샤프 부인과 함께 경성에 있는 이화 학당에 도착하였습니다.

관순아, 이쪽은 학당장이신 프라이 선생님이야.

안녕하세요······.

이화 학당의 학장이었던 룰루 프라이 선생은 한국말에 능숙한 외국인 선생님이었습니다.

앞으로도 열심히 해서 훌륭한 여성이 되어 주기 바란다.

네!

이화 학당에 온 것을 환영한다. 네가 신앙심이 굳고 공부도 열심히 한다고 들었어.

관순이!
관순이가 왔다고?

언니!

너무 반가워서
그만…….

그럴 만하지.
관순이는 보통과
2학년으로
편입한단다.

유관순의 사촌 언니였던
유예도는 유관순보다 먼저
이화 학당에 다니고 있었습니다.

마침 예도가
왔으니 관순이에게
학교랑 방을 안내해
주도록 해라.

네, 학장님!

고맙습니다!

와, 예쁘다!

여긴 학당 학생들이 산책을 하거나 체육 수업을 듣는 곳이야. 늘 아름다워서 우리는 이곳을 이화 동산이라 부른단다.

그럼 슬슬 같이 지낼 방을 보여 줄까?

같이? 언니도 나랑 같은 방을 쓰는 거야?

학장님이 배려해 주신 것 같아. 얼른 가자.

애들아 인사해. 내 사촌 동생 유관순이야. 천안에서 왔단다.

안녕, 난 공주에서 온 이정수야.

난 김복희. 아산에서 왔어.

다들 반가워.

잠자리가
크게 불편하진 않구나.
편히 잘 수 있겠어.

부모님은 어떻게
지내고 계실까? 어린 동생들은
잘 자고 있을까?

열심히 공부하려고
온 건데 왜 자꾸 눈물이
나지?

집 걱정이 돼서
그러는구나?

어, 언니!

부모님은 네가 여기서
열심히 공부하길 바라고
계실 거야. 힘내렴.

언니 말이 맞아.
나 씩씩해질게.

사촌 언니 유예도의 도움으로 유관순은 빠르게 원래의 씩씩함을 되찾았습니다.

우와, 이게 뭐야? 너무 맛있어!

너도 롤빵 처음 먹어 보는구나? 나도 처음엔 그랬지.

롤빵? 이걸 롤빵이라고 해?

빵은 밀가루를 반죽해서 굽는 서양 음식인데 일요일 점심에만 나와.

그렇구나! 더 먹어도 돼?

네가 다 먹으면 남은 사람들은 어떡하라고?

이건 조금씩 먹어서 더 맛있는 거라고!

하긴 그렇겠다.

이화 학당에서의 신식 교육들은 유관순에게 즐거운 경험이기도 했습니다.

나 며칠 전부터 저 목소리가 신경 쓰였어.

만두 파는 청년?

잘생긴 것 같아?

그게 아니라 너무 처량하잖아! 분명 학비를 벌기 위해 이 시간까지 만두를 파는 *고학생일거야.

이럴 게 아니라 우리 조금씩 돈을 걷어서 저 사람 도와주자.

도와주다니? 돈을 주자고?

만두를 사 먹잔 얘기야. 도움도 주고 배도 채우고 좋잖아?

관 둬. 그랬다가 사감 선생님한테 걸리기라도 하면….

난 결정했어! 만두 먹을 사람만 따라와!

얘, 유관순!

* **고학생** 학비를 스스로 벌어서 고생하며 공부하는 학생

으휴,
우리가 왜 여기
나와 있지?
이상하게
관순이가 얘기하면
말려든단 말이야.
추운데 고생하시네요.
많이 파세요.
고맙습니다.
맛있게 드세요.
폴짝
거래 성공!
맛있겠다.
얼른 들어가자.
들키면 큰일이야.
너희들!
거기 꼼짝 마!
으악! 들켰다!
방에서 개인 정비를
할 시간에 담장을 넘어
규칙을 어기다니!
잘못했어요…….

다른 친구들은 잘못 없어요. 제가 하자고 했어요.

관순아!

왜 이런 짓을 벌였지?

추운 날씨에 학비를 벌기 위해 만두를 파는 학생을 도와주고 싶었어요.

만두를 드릴 테니 용서해 주세요.

만두가 중요한 게 아니야!

좋은 뜻으로 그랬다고 하니 딱 한 번만 용서한다. 다시는 이런 일 없도록 하고 얼른 방으로 들어가!

와아~

고맙습니다!

유관순은 부지런하고 모범적인 학생이었지만 못 말리는 개구쟁이기도 했습니다.

식사에 앞서 요즘 몸가짐이 흐트러지는 학생이 있어 말해 둔다.

친구들과 즐거운 학당 생활을 하던 유관순은 방학을 맞이하여 사촌 언니 유예도와 함께 고향인 천안에 내려갔습니다.

내 이름도 쓸 수 있어.

세상에!

유희서

우석이도 와 있으니 방에 들어가 그간 무슨 일이 있었는지 이야기를 나누자.

유관순은 가족들에게 경성의 모습과 학교생활에 대해 재미있게 이야기하였습니다.

내내 집에 오고 싶어서 울었을 줄 알았는데 학교생활이 재미있었나 보구나?

나 정말 열심히 했어!

그렇다고 집 생각을 안 한 건 아니에요. 늘 고향 생각을 했어요.

그래, 그래.

둘 다 그동안 고생했으니 방학 동안은 푹 쉬고 가도록 해라. 그래야 또 공부를 하지.

네, 아버지.

그럴 게 아니라 제게 좋은 생각이 있어요.

좋은 생각?

아까 보니 인석이는 아직 제 이름도 제대로 쓰지 못하더군요. 인석이뿐 아니라 마을의 많은 아이들이 그럴 거예요.

방학 동안만이라도 임시 학당을 세워 아이들에게 신학문을 가르쳐 보면 어떨까요? 오빠랑 저랑 예도 언니랑 다 같이요.

!

그것 참 좋은 생각이구나. 안 그래도 네 동생들 글공부가 걱정이긴 했단다.

요 개구쟁이가 어떻게 이런 기특한 생각을 다 했을까?

개구쟁이도 가끔 그럴 때가 있거든?

어때요, 이렇게 하니까 쉽게 익혀지죠?

맞아요!

배우기 위해 모인 사람들 가운데는 아이뿐 아니라 공부가 늦어진 아저씨, 아주머니, 청년들도 섞여 있었습니다.

관순이 덕에 늘그막에 까막눈을 떼는구먼.

정말 고맙다.

아니에요. 저도 너무 기뻐요.

내가 배운 것들이 세상에 이렇게 쓰이다니 너무 기뻐.

학교로 돌아가면 학교 안에서의 공부뿐 아니라 학교 밖 세상일에도 계속 귀를 기울여야겠다.

학당 생활과 방학 봉사 활동을 계속하던 유관순은 어느덧 이화 학당 보통학교를 졸업하고 고등학교 과정에 들어섰습니다.

관순! 뭐해?

밥 먹으러 갈 시간이야.

아, 그냥.

궁궐에서는 무슨 생각을 하고 있을까 싶어서.

갑자기 웬 궁궐 안?

백성들 겨울 사정이랑 궁궐 안 사람들이랑 무슨 상관이니? 궁궐 안이랑 궁궐 밖은 전혀 다른 세상인데.

이렇게 추운데 백성들이 겨울을 어떻게 보낼지 궁금하잖아.

궁궐 안에 계신 황제 폐하가 그러실 거란 얘기야. 일본 앞잡이들이 황제 폐하의 귀와 눈을 가리고 있을 테니까.

아!

고등학교 공부를 시작하며 일본에 대한 반감이 더욱 커진 유관순은 대한 제국이 일본의 통치를 받고 있었음에도 제후국의 왕을 지칭하는 전하라는 호칭 대신 폐하라는 말을 사용하였습니다.

안에서 많이 답답하실 거야. 백성들의 이야기를 좀 더 듣고 싶으실 테고.

이제 밥 먹으러 가자. 식사 시간에 늦겠다.

관순이 쟤, 좀 달라진 것 같지?

생각이 많아진 것 같기도 하고…….

요즘 쌀값이 많이 올랐다. 그만큼 밥이 귀해졌다는 뜻이야.

고마운 마음을 가지고 예의를 갖춰…… 응?

번쩍

유관순!
무슨 일이지?

으흠, 그래?
손 씻는 습관은 반드시
지켜야 하는 거니까
얼른 다녀오거라.

저, 아직 손을
씻지 못했는데 식사 전에
손을 씻고 와도
괜찮을까요?

꾸벅

감사합니다.

관순이
쟤가 왜 저러지?

음식도 맨날 손으로
잘만 집어 먹더니.

조금 이상해졌어.

일본의 쌀 수탈로
인해 농민들은 쌀을
구하지 못해 밥을
굶고 있다.

우리는 사감 선생님 말대로 평소 손을 자주 씻고 위생 관리를 철저히 해서 독감 유행을 피할 수 있었지.

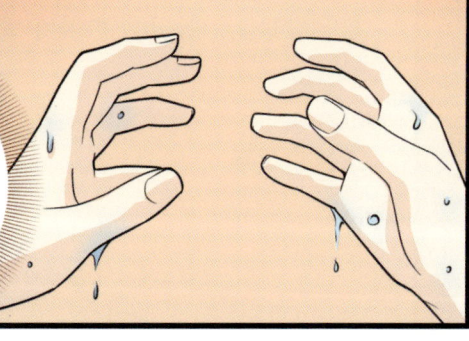

게다가 유행성 독감이 전 세계에 퍼져 사람들이 죽어 나가고 있어.

하지만 바깥 사람들은 먹지 못하고 씻지 못해 죽어 가고 있을 거야.

하지만 일본인들만은 잘 먹고 잘 씻으며 멀쩡히 살아남았어.

우리는 왜 지배당해야 하는 걸까. 언제까지 우리 것을 계속 빼앗는 일본의 악행을 참아야 하는 거지?

깊어진 유관순의 의식 속에서 일본 제국주의에 대한 반감은 점점 더 커져 가고 있었습니다.

일본의 침략

일본이 한국을 강제로 병합한 이후 세워진 조선 총독부는 막강한 권력을 행사하며 한국인을 억압했습니다. 또한 한국의 토지와 식량, 자원 등을 수탈하기 위한 다양한 정책을 시행했어요.

조선 총독부

대한 제국의 국권을 강탈한 일본은 조선 총독부를 세워 한반도를 식민 통치했어요. 조선 총독부의 최고 권력자인 총독은 사법, 입법, 행정, 군사권까지 아우르는 막강한 권한을 가졌어요. 1910년대 조선 총독부는 헌병 경찰로 한국인을 억압하는 무단 통치를 시행했어요. 헌병 경찰은 재판 없이 그 자리에서 한국인을 가두거나 매질할 수 있는 권한이 있었지요.

일제가 경복궁의 전각을 허물고 지은 조선 총독부

1930년대에 들어서 조선 총독부는 우리말과 글을 사용하지 못하게 하고, 성과 이름을 일본식으로 바꿀 것을 강요하는 등 우리의 민족정신을 없애려고 했어요. 또한 다양한 방법으로 토지, 식량, 자본, 노동력 등을 빼앗았지요.

일본의 경제 수탈 정책

일본은 한국의 경제를 수탈하는 각종 정책을 펼쳤어요. 먼저 한국을 병합한 직후에 '토지 조사 사업'을 시행했어요. 일본인이 쉽게 땅을 살 수 있게 하고 토지세 수입을 늘려 식민 통치에 쓰일 자금을 마련하는 것이 목적이었어요. 일본은 땅을 가진 사람이 직접 땅의 주소, 면적, 소유주 등을 신고하도록 했는데, 소유권이 불분명하거나 신고하지 않은 땅은 모두 조선 총독부의 소유가 되었어요. 총독부는 이 땅을 동양 척식 주식회사와 일본인에게 넘겼습니다. 토지 조사 사업으로 지주가 아닌 농민들은 큰 피해를 입었어요.

또한 1910년 일본은 회사를 설립할 때 조선 총독부의 허가를 받도록 하는 '회사령'을 공포

했어요. 한국 자본과 기업의 성장을 막고, 한국을 일본이 독점하는 시장이자 원료 공급지로 만들려는 목적이었어요. 이후 일본은 일본 자본이 더 쉽게 들어올 수 있게 회사 설립을 허가제에서 신고제로 바꾸고 관세를 없앴어요. 이로써 일본 기업은 한국에서 큰 이익을 얻게 되었지요.

산미 증식 계획의 자금을 담당했던 조선 식산 은행

이후 1920년대에 일본 본토에서는 공업이 크게 발달하며 농촌의 노동력이 빠져나갔어요. 이로 인해 쌀이 부족해지자 일본은 한국에서 쌀을 가져가기로 했어요. 일본은 한국의 쌀 생산량을 늘리기 위해 '산미 증식 계획'을 실시했어요. 이 계획으로 수리 시설을 만들고 농지를 확장했으며 새로운 농법을 도입하기도 했어요. 한국의 쌀 생산량은 늘어났지만, 일본이 훨씬 많은 쌀을 가져가면서 한국인은 식량 부족으로 고통을 겪었어요.

동양 척식 주식회사

동양 척식 주식회사는 1908년에 일본이 한국의 경제를 독점하고 착취하기 위해 만들었어요. 이 회사는 토지 조사 사업으로 조선 총독부가 착취한 토지를 헐값에 사들였어요. 이 토지를 높은 소작료를 받고 한국 농민들에게 빌려주고, 토지에서 나온 곡식도 비싼 이자를 받고 빌려줬어요. 이렇게 한국을 수탈해서 만든 돈은 일본

동양 척식 주식회사

이 식민지를 통치하고 전쟁을 하는 자금이 되었습니다. 동양 척식 주식회사는 중국, 필리핀 등으로 지점을 확대하다가 일본이 패망하면서 문을 닫았습니다.

3 🌸 3·1 만세 운동이 일어나다

유관순이 일본 제국주의에 대한 반감을 점점 키워 가던 1919년 1월의 어느 날 아침이었습니다.

후우, 다 됐다.

습관은 어릴 때 길러야 한다더니…….
고향에 살 때부터 일찍 일어나던 게 이젠 완전 버릇이 됐어.

그날 오후, 유관순은 아침에 들었던 불길한 예감이 무엇 때문인지를 알게 되었습니다.

큰일 났어! 황제 폐하께서 *승하하셨대!

뭐야?

화, 황제 폐하께서 돌아가셨다고?

1919년 1월 28일, 대한 제국의 황제였던 고종이 갑작스럽게 사망하였습니다.
나라를 잃은 지 10년 만의 일이었습니다.

고종 황제가 머물던 덕수궁 앞에는 전국에서 유생들과 백성들이 모여들어 한마음으로 황제의 죽음을 슬퍼했습니다.

아이고~ 아이고

아이고, 아이고. 이렇게 가시면 우리는 어찌하옵니까!

자 그럼 다음…….

아이고~
아이고~

…….

아무래도 수업할 분위기는 아닌 것 같으니 오늘은 여기까지 하자.

탁

* 승하하다 임금이나 존귀한 사람이 세상을 떠남.

모두 조용! 아직 확실한 건 아무것도 없으니 함부로 떠들지 말도록!

너희를 생각해서 수업을 중단하는 거니까, 조용히 애도의 시간을 보내도록 해.

고종 황제의 의문스러운 죽음은 학생들의 가슴속에 의혹과 분노를 싹틔웠습니다.

아무리 생각해도 말이 안 돼. 어제까지 건강하셨다고 하잖아.

나인이 가져온 식혜를 드시고 배가 아프다고 하다가 돌아가셨대.

그런 얘긴 어디서 들었어?

이럴 게 아니라 우리 결사대를 만들자!

결사대?

나라가 우리를 필요로 하면 목숨이라도 바치겠다는 약속을 하자는 뜻이야.

결사대가 되었다는 뜻으로 앞으로 나는 옷 안쪽에 늘 태극기를 지니고 다니겠어. 너희는 어때?

그거 좋은 생각이다!

나도 할래!

나도 하겠어!

어릴 때 아버지께서 보여 주신 것처럼 힘으로 맞서 싸우는 것만 방법은 아니야. 우리가 할 수 있는 것들을 찾아보는 거야!

고종 황제의 죽음 이후 시간이
지나 황제의 인산일인
1919년 3월 1일이 되었습니다.

관순아!

지금 밖은
아주 난리래.

그럴 만하지.
이틀 뒤면 황제 폐하의
국장이잖아.

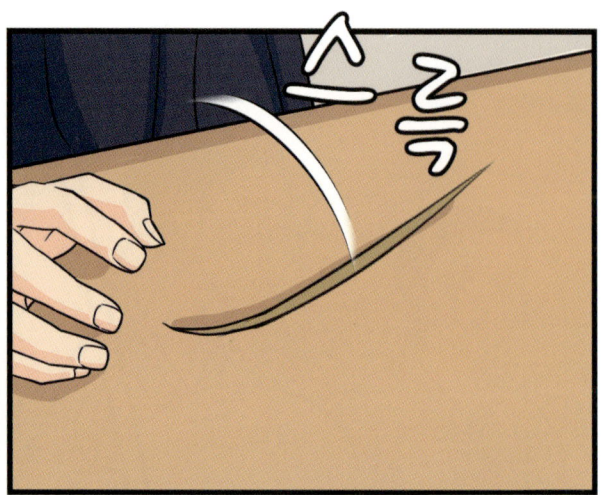

보다시피 볏짚 하나는 세워도 세워도 금방 쓰러져 버려. 하지만 볏짚이 여럿 모이면…….

이렇게 서로 기대서 쓰러지지 않게 할 수 있지!

우리들도 마찬가지로 함께 뭉치지 않으면 설 수 없어.

…….

우린 오늘 먼저 간다. 어린 학생들은 오늘 절대 밖으로 나오지 말고 학교를 지켜 주기 바란다.

하지만 오늘 내가 한 말을 꼭 기억해 다오!

저 선배는 무슨 얘길 하는 거야?

나도 전혀 모르겠어.

....

아까 그 선배의 말이 머릿속에서 떠나지 않아.

왜 자기 말을 꼭 기억해 달라고 한 걸까?

방금 그거
무슨 소리야?

대한 독립
만세라니?

조용!
수업 중이니
집중해야지!

얘, 유관순!

소복에 검은 댕기를 하고
교문 앞으로 모여라!

가자!

타타탁

절대 안 됩니다!
정 나가려거든 나를
밟고 나가세요!

어떡하지?
교장 선생님이 저렇게까지
말씀하시는데……

하지만 우린
나가야 해!

대한독립
만세!

선생님! 죄송해요!

담장으로 가자!

와아아

3·1 운동

3·1 운동은 우리 민족 최대 규모의 항일 운동이었습니다. 비록 일본의 탄압으로 좌절되고 말았지만 대한민국 임시 정부가 수립되는 계기가 되었고 다른 나라의 민족 운동에도 큰 영향을 주었어요.

3·1 운동의 배경

1917년 러시아에서 러시아 혁명이 일어났어요. 혁명을 이끈 레닌은 식민지의 독립운동을 지원하겠다고 선언했어요. 1918년에는 미국의 윌슨 대통령이 12개조 평화 원칙을 발표했는데, 이 원칙에는 한 민족이 다른 민족이나 국가의 간섭을 받지 않고 정치적 운명을 스스로 결정할 수 있다는 '민족 자결주의 원칙'이 들어 있었어요. 이 원칙은 한국을 비롯한 식민지의 독립운동에 영향을 끼쳤어요.

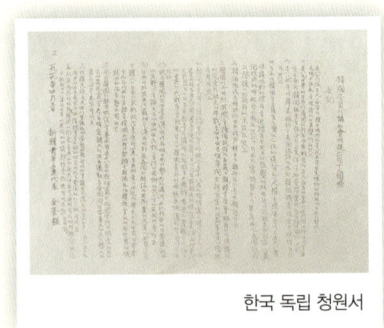

한국 독립 청원서

일본의 가혹한 무단 통치에 신음하던 한국인들은 저항 의지를 나날이 높이고 있었어요. 일본의 탄압 속에서도 독립 의군부, 대한 광복회, 송죽회 등의 비밀 결사 활동을 하고 또한 만주와 연해주, 미국에서도 독립운동이 이루어졌어요.

이런 와중에 윌슨이 민족 자결주의 원칙을 발표하자 만주, 연해주, 미국, 일본의 한국인들은 파리 강화 회의에 대표를 파견하고 독립 선언을 발표하는 등 적극적인 독립운동을 전개했어요. 일본에서는 2월 8일 유학생 600여 명이 모여 독립 선언서를 발표하고 독립 만세를 외쳤어요. 2·8 독립 선언은 3·1 운동이 일어나는 데 직접적인 영향을 미쳤어요.

3·1 운동의 전개

1919년 1월, 지병이 없던 고종이 갑자기 서거하자 일본이 고종을 독살했다는 소문이 퍼지면서 일본에 대한 분노가 더욱 커졌어요. 천도교와 기독교, 불교 등의 종교 단체와 학생 단체는 전국적인 비폭력 만세 시위를 계획했어요. 이들은 비밀리에 독립 선언서를 만들고, 선언서를 전국으로 배부하는 등 독립 선언식과 전국적인 시위를 준비했어요.

마침내 1919년 3월 1일, 손병희, 한용운, 이승훈 등 민족 대표 33명은 서울 종로 태화관에서 독립 선언식을 하고, 대한 독립 만세를 외친 후 일본 경찰에 잡혀갔어요. 같은 시각 서울 종로 탑골 공원에서는 시민과 학생 4,000여 명이 독립 선언식을 하려고 모였어요. 오기

3·1 독립 선언서 ⓒ문화재청

로 했던 민족 대표들이 나타나지 않자 한 청년이 팔각정 단상에 올라가 독립 선언서를 낭독했어요. 낭독이 끝난 후 학생과 시민들은 독립 만세를 외치며 거리로 나가 행진을 시작했어요. 여기에 거리의 군중들이 참여하면서 만세 시위가 서울 전체에서 벌어졌어요. 거대한 규모의 시위에도 폭력 사건은 일어나지 않았어요.

서울, 평양, 의주 등 주요 도시에서 시작된 만세 시위는 시간이 흐르며 전국의 농촌 지역까지 퍼져서 전국 방방곡곡에서 일어났어요. 3월 1일에 시작된 만세 시위는 4월까지 이어졌지요. 지식인과 학생이 시작했지만 나중에는 노동자, 농민 등 각계각층의 사람들이 참여했어요. 또한 3·1 운동 소식을 들은 유학생과 동포가 일본, 만주, 연해주, 미국에서 만세 시위를 펼쳤지요. 3·1 운동은 일제의 무자비한 탄압으로 끝내 좌절됐지만, 대한민국 임시 정부가 수립되는 계기가 되었어요. 이는 중국의 5·4 운동, 인도의 비폭력·불복종 운동, 베트남, 필리핀의 민족 운동에도 영향을 주었어요.

일본의 탄압

일본은 만세 시위를 무자비하게 탄압했어요. 전국 각지에 경찰뿐 아니라 군대까지 동원해 시위를 진압했어요. 화성 제암리, 천안 아우내, 남원 광한루 등 전국에서 시위대에 무차별 총격을 퍼부었어요. 또한 주동자를 잡는다는 구실로 학교, 교회, 민가를 불태우고 파괴해 수많은 사람이 희생되었지요. 체포된 시위자들은 가혹한 고문을 당하고 처형됐어요. 이를 지켜보던 외국인 선교사와 기자는 일제의 만행을 세계에 알렸어요. 국제 사회는 일본의 야만적인 행위를 비난했지요. 일본은 무단 통치로 항일 운동을 막을 수 없다고 느꼈어요. 또한 무단 통치에 대한 국제적인 비난도 피해야 했지요. 일본은 한국인을 분열시키는 문화 통치로 통치 방식을 바꾸게 됩니다.

4 🌸 최후의 일인까지, 최후의 일각까지

3·1 운동이 끝난 뒤에도 학생들의 흥분과 감격은 가라앉지 않았습니다.

정말 통쾌해!

속이 다 시원하더라!

일본 헌병들이 만세 부르는 우리를 보더니 주눅이 들어서 다 비키지 뭐야.

우리 민족이 힘을 합치면 헌병들도 어쩔 수 없다는 걸 보여 준 거야!

학생들은 만세 시위가 있던 날, 민족 대표 33인 기미 독립 선언서를 발표했다는 것도 알게 되었습니다.

만세 시위가 일어나기 전에 기미 독립 선언서 발표도 있었대!

우리나라가 독립국임을 세계만방에 알리자는 문서 말이지?

유관순은 결사대가 된 친구들과 함께 밤마다 몰래 태극기를 만들었습니다.

유관순과 결사대들이 붙인 태극기는
다음 날 학당에 작은 소란을 일으켰습니다.

이, 이게 뭐야?

온통 태극기잖아?

사방이 태극기다!

대한 독립의
기운이 학교에
들어온 거야!

왁 잘 지 껄

작전 대성공이야!

킥킥

모두 조용!
칠판이랑 벽에
붙은 태극기를 떼고
수업 시작한다.

게다가 이 태극기들, 잘 모르는 아이들이 만든 것이구나.

네? 그게 무슨 말씀이세요?

태극 문양은 대강 맞았지만 사방을 채우고 있는 사괘가 다 틀렸어. 모양도, 간격도 엉망이야.

아무튼 수업해야 하니 다들 정리하고 자리에 앉거라.

네….

들었어? 우리가 그린 태극기가 틀렸나 봐.

그러게 말이야.

들뜬 마음에 너무 성급했어. 내 나라 국기를 그리는 방법도 제대로 알지 못하다니…….

유관순과 결사대는 잠시 풀이 죽었지만 그 기분은 오래가지 않았습니다.

얘들아! 며칠 뒤에 있을 만세 운동 어떻게 할 거야?

안 그래도 지금 그 얘기를 하고 있었어.

학교에서 공부만 할 때가 아니다! 나라부터 찾고 나중에 공부해라. 될 수 있으면 만세를 부르고 남대문 역에서 모이자.

아까 선배들이 함께 만세를 부르자고 하는데 어찌나 가슴이 벅차던지.

선배들도 우리랑 한마음인 거야. 나라를 위해 목숨을 바치기로 한 거지.

우리도 질 수 없어!

하지만 괜찮을까? 저번에도 선생님들이 우릴 막아섰잖아.

선생님들은 걱정이 지나치고 행동은 하지 않으셔!

3·1 만세 시위에도 우릴 걱정해서 막아섰다고 하셨지만 지금 봐. 우린 전부 무사하잖아.

그건 그래!

헌병들 우리가 무서워서 꼼짝도 못하던걸?

이번엔 더욱 많은 사람들이 모일 거야. 게다가 학생들이 중심이 되는 시위인데 우리가 빠질 수 없지!

1919년 3월 5일, 유관순과 결사대는 학생단 시위에 참여하기 위해 아침 일찍 다시 학교 담장을 넘었습니다.

얼른 올라와!

탁

한 번 해 봐서 그런지 쉽다. 그치?

얼른 가자! 이러다 늦겠어!

유관순이 남대문에 도착했을 땐
이미 많은 학생들이 시위를
위해 모여 있었습니다.

역시 많이 모였어!

오늘은 왠지 느낌이
더 좋은걸?

탓

!

뭘 하려는 걸까?

척

우리가 무슨 죄가 있다고 이러느냐! 이놈들!

학생 시위에 참여한 유관순은 일본 헌병들에게 저지당해 붙잡히고 말았습니다.

붙잡힌 유관순은 경찰서로 연행되었습니다.

이렇게 붙잡히다니, 너무 분해! 시위 진압이 이 정도로 거칠 줄 몰랐어!

그럼 나는 이제 어떻게 되는 거지? 더 이상 만세 운동을 벌일 수 없는 걸까?

선생님!

와락

다들 너무
고생했구나!

우리가 어떻게
풀려난 건가요?

프라이 학장님
덕분이야.

학장님께서
우리 학생을 절대
감옥에서 재울 수
없다고 강하게
항의하셨단다.

선생님!

얼른 학교로
돌아갑시다!

유관순과 학생들은 프라이 학장을
비롯한 선생님들의 항의 덕분에
간신히 풀려날 수 있었습니다.

내가 바보였어!
우리를 이렇게나
생각해 주시는 선생님인
줄도 모르고……

3·5 학생 시위 이후에도 경성(서울)을 비롯한 각 지방의 주요 도시에서는 계속해서 만세 운동이 일어났습니다.

하지만 이화 학당 학생들은 학교의 엄격한 통제 아래 시위에 참여할 수 없었습니다.

시위에 참여하지 말라니 말이 돼?

전국에서 시위가 일어나는 중인데 우리만 잠자코 있어야 한다는 건 불공평해!

하지만 우리가 붙잡혔을 때 선생님들도 곤란한 일을 겪었잖아.

우리를 잘못 가르쳤다고 잡혀간 선생님도 계신데 우리가 함부로 움직일 순 없어.

그건 그렇지만······.

관순이 네 생각은 어때?

······.

나는… 지난번 학생 만세 운동 때 헌병한테 잡혀가 봤어.

그래서 그곳이 얼마나 무서운 곳인지도 알게 됐고.

그래서? 겁이 나서 이제 만세 운동을 못 하겠다는 거니?

그게 아니야.

그럼 무슨 얘기니?

잡혀가 보니 지금까지보다 훨씬 더 큰 각오와 책임감이 필요한 일이라는 걸 알게 됐다고 말하고 싶었어.

우린 만세 운동을 하다가 다시 잡혀갈 수 있어. 고문을 견뎌야 할지도 몰라. 거기에 대한 각오가 필요해.

관순이 네 말이 맞아.

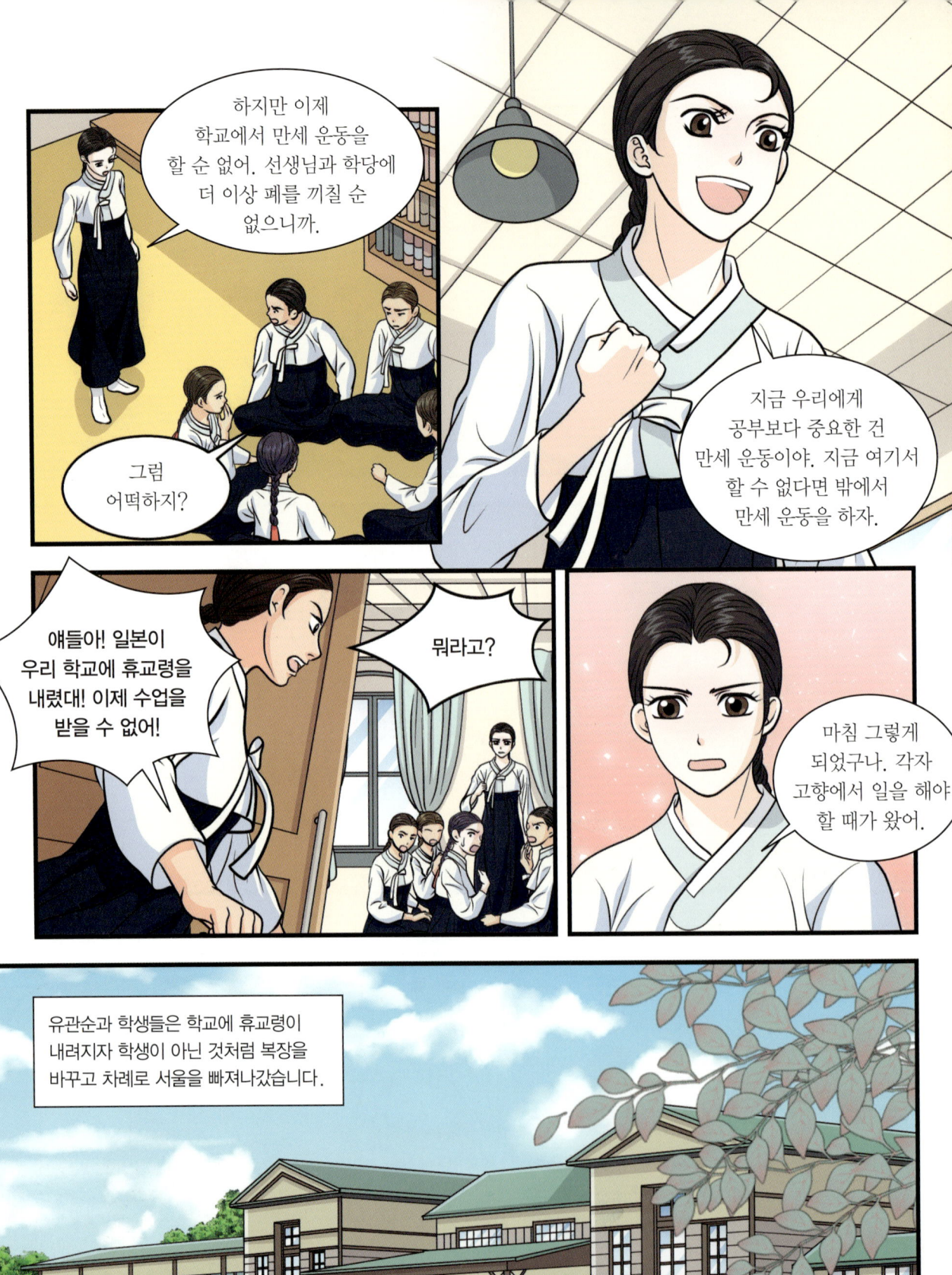

하지만 이제 학교에서 만세 운동을 할 순 없어. 선생님과 학당에 더 이상 폐를 끼칠 순 없으니까.

그럼 어떡하지?

지금 우리에게 공부보다 중요한 건 만세 운동이야. 지금 여기서 할 수 없다면 밖에서 만세 운동을 하자.

얘들아! 일본이 우리 학교에 휴교령을 내렸대! 이제 수업을 받을 수 없어!

뭐라고?

마침 그렇게 되었구나. 각자 고향에서 일을 해야 할 때가 왔어.

유관순과 학생들은 학교에 휴교령이 내려지자 학생이 아닌 것처럼 복장을 바꾸고 차례로 서울을 빠져나갔습니다.

거기, 너희들!

깜짝

이런 복장으로
괜찮을까?

태연하게
행동하면
괜찮을 거야.

저, 저희는
고종 황제님의 국장에
참석하고 고향으로
돌아가는 길입니다.

너희는
무슨 일로 서울에
왔던 거지?

흥, 겨우 그 장례식을
보겠다고 경성까지 와?
조선인들은 이해할
수가 없군.

통과!

3·1 운동 이후 민족 항일 운동

3 · 1 운동 이후 민족의 존엄을 지키고 발전을 도모하는 민족의식이 성장했어요. 1920년대에는 경제, 사회, 문화 분야에서 실력을 키우기 위한 다양한 운동이 일어났고, 학생이 주도하는 항일 운동이 활발히 펼쳐졌어요.

물산 장려 운동

1910년 한국에서 회사를 설립하려면 조선 총독부의 허가를 받아야한다는 회사령이 시행된 후 한국인의 기업 활동은 위축되었어요. 1920년 회사령이 폐지되자 기술과 자본을 앞세운 일본 회사와 상품이 물밀듯이 들어왔어요. 그렇지 않아도 한국인 기업은 이제 살아남기 힘든 지경에 이르렀어요. 여기에 조선 총독부는 일본에서 수입되는 상품의 관세까지 없애려고 했어요.

조선 물산 장려회의 회관

이에 지식인들은 한국인 기업을 보호하고 성장시켜 민족의 경제적 자립을 이루자는 목표로 물산 장려 운동을 일으켰어요. 평양에서 일어난 조선 물산 장려회를 시작으로 서울에서도 물산 장려회가 만들어졌고, 이후 전국적 규모의 조선 물산 장려회가 조직됐어요. 이들은 국산품 사용하기, 소비 줄이기, 민족 기업 육성하기 등을 내세워 강연회, 전단 배포, 계몽을 위한 책자 발행 등 전국적인 활동을 벌였어요. 많은 사람이 호응해 성과를 거뒀지만, 한국인 기업의 상품 생산량이 사람들의 수요를 따라가지 못했어요.

또한 일제가 물산 장려 운동을 새로운 형태의 항일 민족 운동으로 생각해 탄압하기 시작했어요. 결국 조선 물산 장려회는 강제로 해산되었습니다.

학생들의 독립운동

• 6·10 만세 운동

민족주의자와 사회주의자 등 항일 운동가와 학생들은 대한 제국의 마지막 황제 순종의 장례식날인 6월 10일에 대규모 만세 운동을 벌일 계획을 세웠어요.

일본 또한 3·1 운동과 같은 시위가 일어날까 봐 서울에 군대를 집결하고 부산과 인천에 함대를 대기해 놓는 등 삼엄한 경계를 폈어요. 결국 계획이 일본 경찰에 발각되어 항일 운동가들의 시위는 무산되었지만, 일본의 감시를 피한 학생들은 계획대로 행동에 나섰어요. 미리 만들어 놓은 격문을 뿌리고 독립 만세를 외치며 서울 곳곳에서 만세 시위를 벌였어요.

6·10 만세 운동을 진압하는 일본 경찰 ⓒ국사편찬위원회

서울에서 일어난 시위 소식이 알려지면서 전국의 학생들이 동맹 휴학을 하고 만세 시위를 벌였어요. 6·10 만세 운동은 학생이 주도하는 항일 운동이 활발해지는 계기가 되었어요.

● 광주 학생 항일 운동

일본의 식민지 교육은 한국 학생을 차별하고 무시했으며, 한국인이 고등 교육을 받기 어렵게 했어요. 뿐만 아니라 한국 학생이 자유롭게 토론하고 비판하는 것도 금지하자 한국 학생들의 불만은 날로 높아졌지요.

이런 상황에서 광주에서 출발한 통학 열차에서 일본 남학생이 한국 여학생을 희롱하면서 한국과 일본 학생 사이에 충돌이 일어났어요. 이 사건을 일본 경찰이 편파적으로 처리하면서 한국 학생들의 반일 감정은 폭발합니다. 1929년 11월 3일 광주 학생들은 거리로 나와 시위를 벌였어요. 며칠 뒤에는 학교 단위로 시위에 참여해 대규모 시위가 펼쳐졌어요.

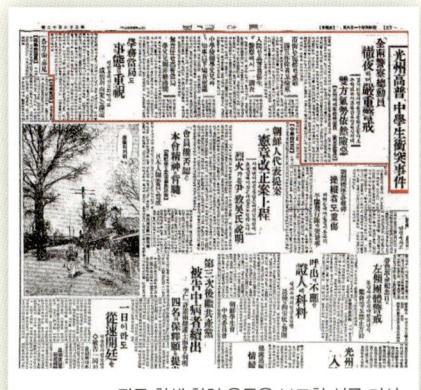
광주 학생 항일 운동을 보도한 신문 기사

광주 학생들은 식민지적 노예 교육 제도 철폐, 언론·결사·집회·출판의 자유 획득, 한국인 중심의 교육 제도 확립 등을 외쳤어요. 광주 학생 운동의 소식을 들은 목포와 나주 지역을 시작으로 나중에는 전국에서 항일 학생 운동이 일어났어요. 전국 320개 학교, 수만 명의 학생이 일제 타도와 민족 해방을 외치며 시위에 나섰지요. 광주 학생 항일 운동은 3·1 운동 이후 최대 규모의 민족 운동이 됐어요.

5 🌸 아우내 만세 운동을 주도하다

고향에 돌아온 유관순은 가족들과 둘러앉아 서울에서의 독립 만세 운동 상황을 전했습니다.

그래, 관순이 너도 독립 만세 운동에 참여했단 말이냐?

경성의 만세 운동 소문은 여기 천안까지 쫙 퍼지긴 했단다.

네, 정말 엄청난 순간이었어요.

유관순의 오빠 유우석은 공주에서 만세 운동에 참여하고 일본군의 눈을 피해 고향으로 *피신해 온 상태였습니다.

그 순간 경성에 있었다니, 관순이 네가 부럽구나.

온 거리에 사람들이 몰려나와 만세를 외치는 모습에 가슴이 벅차지 않은 사람이 없었답니다.

오빠도 만세 운동에 참여했다면서? 그럼 다 마찬가지지.

그래, 그런데 왜 학교를 그만두고 내려온 것이냐?

일본에 의해 강제 휴교령이 내려졌어요. 선생님과 학생들 모두 학교 안에 묶여서 아무것도 하지 못하는 상태가 된 거지요.

저는 이곳 천안에서 만세 운동을 일으키기 위해 온 거고요.

여기서 만세 운동을?

만세 운동은 전국 곳곳에서 일어나고 있어요. 당연히 우리 고향에서도 일어나야 해요.

* **피신** 몸을 숨겨 위험을 피함.

만세 운동의
목소리가 커질수록 세상
사람들은 우리가 얼마나
독립을 원하고 있는지
알게 될 거예요.

아버지께서 제게
힘으로 맞서지 않고
문제를 해결하는 방법을
말씀해 주신 적이
있죠?

!

만세 운동은
일본이 얼마나 나쁜지를
세상에 알리는 가장 좋은
방법이에요. 반드시
해야만 하는 일이기도
하고요.

…….

벌떡

여보?

마을 사람들에게
이야기하고 오마.
구체적인 계획을
세우도록 하자.

아버지!

유관순과 유관순의 가족들은 마을 사람들과 모여 천안에서 만세 운동을 어떻게 해야 할지 구체적인 계획을 세웠습니다.

일단 태극기가 많이 필요할 것 같아요. 사람들에게 나눠 줘야 하니까요.

어머니는 마을 어른들과 함께 태극기를 만들어 주세요. 최대한 많이 부탁드려요.

그래, 맡겨 두거라.

인원이 많이 모이지 않으면 소리 소문 없이 지나갈 수도 있어요.

주변 고을에도 만세 운동 소식을 알리고 함께 참여하자는 뜻을 전달해야 해요.

그건 내가 맡으마. 나도 도움이 되고 싶구나.

오빠는 안 돼. 이미 공주에서 피신해 왔는데 돌아다니다가 걸릴 가능성이 있어. 남자 혼자 낯선 고을을 돌아다니면 수상하게 생각할 거야.

그럼?

오빠는 여기서 이럴 게 아니라 공주로 돌아가서 다시 만세 운동을 일으켜 줘.

안 그래도 공주에서도 만세 운동이 다시 일어나야 한다고 생각했다. 나는 그렇게 하마.

각 고을에 연락하는 건 제가 맡을게요.

관순이 네가 말이냐?

제가 머리에 수건을 두르고 다니면 그냥 마을 아낙처럼 보일 거예요. 최대한 의심을 피할 수 있죠.

이 일은 관순이에게 맡깁시다. 우리는 마을에서 만세 운동을 준비하고요.

아버지!

게다가 경성에서 만세 시위를 직접 목격했던 저야말로 이 일에 가장 적합해요.

그건 그렇지만…….

그럼 시간이 별로 없으니 얼른 움직일까요?

좋아! 어서 서두르지!

정말 잘 자라 주었구나.

…… 어머니?

정말 장난꾸러기 철부지였는데 이렇게 다 커서 나라를 위해 큰일을 하다니 엄마는 더 바랄 게 없다.

나도 만세 운동이 꼭 성공할 수 있도록 최선을 다해 준비하마.

......

네가 정말 자랑스럽다.

감사해요! 반드시 만세 운동을 성공시켜 보이겠어요!

유관순과 마을 사람들은 1919년 4월 1일 천안의 중심이었던 아우내 장터에서 만세 운동을 벌이기로 계획하고 결의를 다졌습니다.

1919년 3월 31일 밤, 유관순은 미리 준비해 둔 여러 자루의 횃불을 들고 마을 봉화가 설치된 매봉산에 올랐습니다.

그러니까, 봉화를 올려서 만세 시위에 참여할지를 말해 주기로 했단 말이지?

네, 맞아요.

강요는 할 수
없었어요. 만세 운동이
시작되면 많은 사람들이
다칠 수도
있으니까요.

제가 할 수 있는
모든 방법을 동원해서
저희의 뜻을 전했으니
이제 결과는 하늘에
맡겨야겠지요.

화륵

내 마음이,
이 나라의 독립을
원하는 사람들의
목소리가 저 마을
사람들에게도
닿았을까?

1919년 4월 1일, 유관순과 마을 사람들은 장터에 모인 사람들에게 미리 준비한 태극기를 나눠 주며 만세 운동을 준비하였습니다.

받으세요.

조금 있다 만세 시위를 할 거예요. 장터를 떠나지 말아 주세요.

좋아, 모든 준비는 끝났어.

오후 한 시가 되자, 장터에 모인 사람들은 3천여 명에 달했습니다.

오등(우리)은 자(이때)에 아(우리) 조선이 독립국임과 조선인이 자주민임을 선언하노라!

대한 독립 만세!

시위대는 만세를 부르며 일본 주재소로
향했습니다. 하지만 일본은 더욱
잔혹한 방법으로 시위 진압 준비를
하고 있었습니다.

마지막 경고다.
당장 해산하지 않으면
발포한다.

우리는 아무 폭력도
쓰지 않았소!

정당하게 시위하는
우리를 향해 발포할 이유가
무엇이란 말이오!

다시 외칩시다!

대한 독립
만세!

대한 독립
만세!

내 말이 안 들리나!

으윽!

탕

아저씨!

3·1 운동 이후 무장 독립운동

독립군

3·1운동 이후 일본의 탄압으로 독립운동이 힘들어지자 수많은 독립운동가가 만주와 연해주로 건너갔어요. 이들은 일본에 빼앗긴 주권을 찾기 위해 군대를 조직하기로 했지요. 이를 독립군이라고 해요. 체계적인 조직과 훈련을 받은 독립군은 국내로 들어와 항일 무장 투쟁을 했어요. 일본 경찰, 군대와 전투를 벌이고, 친일파와 일본 관리를 처단했으며, 관청 등의 식민 통치 기관을 파괴했지요.

만주와 연해주가 독립군의 중심이긴 했지만, 국내를 거점으로 활동한 독립군도 있었어요. 주로 국경 지대인 평안북도 지역에서 무장 독립운동이 일어났지요. 평안북도 의주의 천마 산대와 보합단, 황해도의 구월산대가 있었어요. 이들은 만주와 연해주의 독립군과 긴밀하게 협력하며 일본 군대와 싸우고, 관청을 파괴하는가 하면 군자금을 모으는 등의 활동을 벌였어요.

봉오동 전투

1919년 홍범도가 이끄는 대한 독립군은 군무도독부군, 군민회군 등과 연합 부대를 만들어 강력한 작전을 준비했어요. 1920년 6월 대한 독립군은 두만강을 넘어와 일본군 초소를 습격했어요. 다음 날 일본군은 독립군 부대를 추격하러 두만강을 건넜지만 찾지 못하자 삼둔자에 사는 한국인들을 잔인하게 죽였어요. 이때 홍범도의 부대는 매복하고 있다가 일본군을 공격해 크게 승리했어요.

이에 일본은 독립군 부대를 없애기 위해 더 많은 병력을 보냈어요. 일본군은 독립군 부대가 머무는 봉오동으로 향했어요. 이 소식을 들은 홍범도는 먼저 봉오동의 주민들을 대피시켰어요. 그리고 일본군을 물리치기 위해 지리적 조건을 이용한 작전을 세웠어요. 독립군 부대는 봉오동 골짜기에 매복한 뒤에 일본군을 골짜기로 유인해 기습 공격했어요. 이 전투에서 일본군은 300여 명이 죽거나 크게 다쳤어요. 그에 비해 독립군은 4명이 죽고 약간의 부상자가 생겼을 뿐이었어요. 봉오동 전투는 독립군의 큰 승리로 끝이 났어요.

청산리 대첩

봉오동 전투 이후 일본은 만주 지역 독립군을 전멸시킬 계획을 세웠어요. 일본은 만주 지역 마적에게 훈춘의 일본 영사관을 공격하라고 시키고, 이를 구실로 만주에 대규모 군대를 보냈어요.

일제의 계획을 미리 입수한 만주의 독립군 부대는 일본군을 피해 병력을 이동했어요. 하지만 일본군이 독립군 부대를 계속 추격해 오자 맞서 싸우기로 했어요. 김좌진이 이끄는 북로 군정서와 홍범도가 이끄는 대한

청산리 대첩에서 승리한 북로 군정서의 모습

독립군의 연합 부대는 만주 청산리 일대에 매복해 있다가 일본군과 치열한 전투를 벌였어요. 독립군은 적은 병력과 열악한 무기를 가지고 5일 동안 10여 차례 전투를 벌인 끝에 큰 승리를 거뒀어요. 일본군은 1,200여 명이 사망했지만, 독립군 전사자는 100여 명에 그쳤을 정도로 큰 성과였어요.

여기서 잠깐

3·1 운동 이후의 항일 운동

* 물산 장려 운동
  - 3·1 운동 이후 독립을 이루려면 민족의 실력을 길러야 한다는 생각이 커졌습니다.
  - 한국인 기업을 보호하고 성장시켜 민족의 경제적 자립을 이루자는 목표로 물산 장려 운동이 일어났습니다.
* 학생들의 독립운동
  - 1920년대에는 학생이 주도하는 항일 운동이 활발히 일어났습니다. 대표적으로 6·10 만세 운동과 광주 학생 항일 운동이 있습니다.
* 독립군
  - 3·1 운동 이후 일제의 탄압으로 수많은 독립운동가가 만주와 연해주로 건너가 독립군이 되었습니다.
  - 독립군 부대는 국내로 들어와 식민 통치 기관을 습격하는 등의 무장 투쟁을 벌였습니다.

6 🌸 옥중 투쟁과 순국

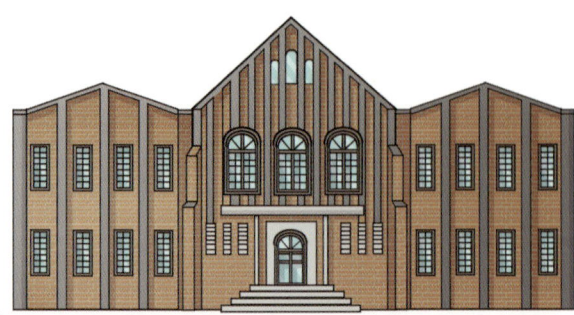

아우내 장터 시위는 세상에 큰 파장을 일으켰습니다. 여러 신문은 아우내 장터 운동을 3·1 운동으로 발생한 만세 운동 가운데 가장 치열하고 비장한 운동이라고 전했습니다.

유관순은 아우내 장터 시위를 계획한 죄목으로 붙잡혀 공주 지방 법원에서 재판을 받게 되었습니다.

지금부터 피고 유관순에 대한 심리를 시작한다.

나는 죄가 없다.

그게 무슨 말이지?

지독한 것, 끝까지 잘못을 인정하지 않는구나.

너같이 독한 것은 더한 중형을 받았어야 해.

……

오, 오라버니……?

관순아!

이렇게 여기서 보는구나! 그래 몸은 괜찮으냐!

오라버니! 미안해…….

생각도 못 하고 있었는데 오라버니를 보자마자 미안하다는 말부터 나오다니… 이제야 알겠어…….

나 때문에 부모님이 돌아가신 거야. 내가 만세 운동을 하자고 했기 때문에… 오라버니 미안해…….

쟤야 쟤. 이번 만세 시위를 계획했다는 애가.

저렇게나 어린데…….

만세 운동을 하다 우리 남편이 죽었어.

내 아들도 총에 맞았지. 만세 운동만 아니었어도…….

형이 확정된 유관순은
서대문 형무소에 수감되었습니다.

비록 감옥에 갇힌 몸이었지만 만세 운동에 대한 유관순의 열망은 꺾이지 않았습니다.

다들 준비되셨나요?

드디어 3·1운동 1주년이네요.

지금이라도 그만두고 싶으신 분들은 안 하셔도 돼요.

농담 할 시간 없다. 얼른 시작하자.

후우

우리는 오늘 조선이 독립한 나라이며, 조선인이 이 나라의 주인임을 선언한다.

1920년 3월 1일, 유관순은 3·1 만세 운동 1주년을 맞이하여 감옥에서 옥중 만세 운동을 벌였습니다. 유관순이 갇힌 감옥에서 시작된 만세 외침은 이내 서대문 형무소에 갇힌 모든 죄수의 만세 외침이 되었고 형무소 밖에서도 만세 소리를 들을 정도로 널리 퍼졌습니다.

감옥에서마저 대한 독립을 열망했던 유관순은 일본의 모진 고문을 이겨 내지 못하고 1920년 9월 28일, 17세의 어린 나이로 죽음을 맞이하였습니다.

부모를 잃고 감옥에서 온갖 고문을 당했음에도 유관순은 '나라에 바칠 목숨이 오직 하나밖에 없는 것만이 이 소녀의 유일한 슬픔입니다.' 라는 유언을 남겼습니다.

유관순의 의지가 담긴 이 외침과 짧았던 생애는 우리가 누리고 있는 자유가 얼마나 큰 희생 위에 만들어졌는지, 그리고 그 자유가 얼마나 소중한지를 깨닫게 해 줍니다.

여성 독립운동가

남성 못지않게 위대한 활동을 펼친 여성 독립운동가들이 있어요. 대표적인 여성 독립운동가의 활약을 살펴봅시다.

이화림(1905~1955)

이화림은 15살에 3·1 운동에 참여하고, 22살에 항일 학생 운동을 했어요. 이후 김구가 이끄는 한인 애국단에 들어가 이봉창, 윤봉길 등과 활동했어요. 이화림은 이봉창과 함께 도쿄에서 일왕 히로히토를 죽이는 작전에 투입됐어요. 이 작전에서 이화림은 폭탄을 숨기는 일을 돕고, 이봉창이 일왕 가까이 다가갈 수 있게 했어요.

이화림은 상하이 훙커우 공원에서 열린 일왕의 생일 및 상하이 점령 기념행사에서 폭탄을 던지는 거사도 준비했어요. 이화림은 윤봉길과 함께 훙커우 공원을 여러 차례 답사했어요. 거사 당일 윤봉길의 신변을 보호하는 역할을 맡아 윤봉길이 폭탄을 던지는 것을 지켜봤어요.

이후 이화림은 민족 혁명당 부녀대 부대장으로서 항일 선전 활동과 의료 보건 사업을 맡았어요. 중일 전쟁이 일어난 후에는 조선 의용대 부녀대 대장으로 활동했어요.

안경신(1888~?)

안경신은 1919년 3·1 운동에 적극적으로 참여했다가 체포됐어요. 같은 해에 독립 자금을 모으는 애국 부인회에 들어가 모금된 군자금을 대한민국 임시 정부에 전달하는 일을 맡았어요. 애국 부인회 사람들이 대부분 일본 경찰에 체포되자 안경신은 중국으로 건너갔어요. 일제로부터 독립하려면 무력 투쟁을 해야 한다고 생각하던 안경신은 대한민국 임시 정부의 군사 기관 중 하나인 광복군 총영에 들어갔어요. 광복군 총영은 식민 통치 기관과 경찰서를 습격하는 조직이에요. 안경신은 그곳에서 폭탄 제조, 사격 등 무력 투쟁을 위한 훈련을 받았지요. 그러던 중 미국 의원들이 한국을 방문한다는 소식이 들려왔어요. 안경신과 동료들은 폭탄을 던져

안경신

세계 여론에 한국의 독립을 호소하는 임무를 받았어요. 안경신은 평양으로 폭탄을 숨겨 들어왔어요. 안경신과 동료들은 평남도청에 폭탄을 던졌어요. 또 평양 경찰서에도 폭탄을 설치했지만 도화선이 빗물에 젖어 실패했어요.

윤희순(1860~1935)

1895년 을미사변에 이어 발표된 단발령으로 전국에서 의병 운동이 일어났어요. 이때 윤희순의 시아버지도 의병 활동에 나섰고, 윤희순은 의병 활동을 도우며 항일 운동에 참여하게 됩니다.

윤희순은 의병을 돕자는 내용의 〈안사람 의병가〉를 지어 여성도 의병 활동으로 나라를 구하자고 설득했어요. 또한 윤희순은 군자금을 모금해 무기와 탄환을 만들어 의병들에게 공급했어요. 뿐만 아니라 여성 의병단을 조직해 의병의 훈련을 돕고 정보 수집을 하는 등 활발한 활동을 벌였지요.

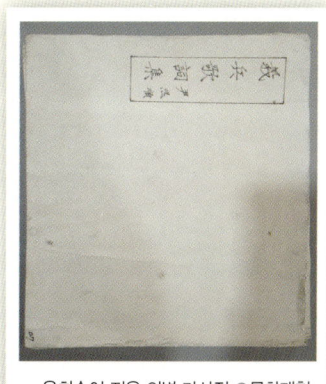
윤희순이 지은 의병 가사집 ©문화재청

그는 국권 피탈 후 중국으로 건너가 항일 운동을 계속했어요. 윤희순은 산에서 풀뿌리와 나무껍질을 구해 먹을거리를 만들고, 황무지를 개간해 가족의 의병 활동을 뒷바라지했어요. 그 와중에도 군자금을 모아 항일 운동 단체에 전달했지요. 또한 윤희순은 조선 독립단과 조선 독립단 가족 부대를 조직했어요. 항일 운동가를 키우기 위해 조선 독립단 학교를 세우고 학생들을 가르쳤어요.

여기서 잠깐

대한민국 임시 정부

3·1 운동 이후 민족 지도자들은 조직적인 독립운동을 위한 정부의 필요성을 깨달았어요. 1919년 4월 중국 상하이에서 이승만, 김구, 안창호 등이 중심이 되어 대한민국 임시 정부가 세워졌어요. 대한민국 임시 정부는 우리 역사 최초의 민주 공화제 정부예요. 또한 삼권분립 원칙에 따라 의정원, 국무원, 법원으로 구성되었어요. 대한민국 임시 정부는 파리 강화 회의에 독립 청원서를 제출하는 등 조선 독립의 당위성을 알리는 다양한 외교 활동을 벌였어요. 또한 광복군 사령부와 광복군 총영 등을 설치해 무장 투쟁과 군사 활동을 펼쳤어요.

서대문 형무소 역사관

서대문 형무소 역사관은 서울특별시 서대문구에 위치하고 있어요. 이곳은 원래 일본이 독립운동가들을 가두어 무자비하게 고문하고 목숨까지 빼앗은 감옥이었어요. 1945년 광복 후에는 이곳에 친일 반민족 행위자가 수감되었고, 민주화 운동으로 정치적 변동이 심했던 때에는 민주화 운동가들이 수감되기도 했어요.

서대문 형무소 역사관 ©문화재청

1987년까지 형무소로 쓰인 이곳은 1988년 문화재로 지정되었고 이후 역사관으로 탈바꿈했어요.

1907년, 일본은 우리나라를 침략하면서 일본인에게 설계를 맡겨 서대문 형무소를 세웠어요. 처음 세워졌을 때는 500여 명을 수용하는 규모였는데, 여러 차례 시설을 늘려 나중에는 3,000명을 수용할 수 있는 규모가 됐어요. 이렇게 규모가 커진 이유는 독립운동가들이 활발하게 활동했기 때문이에요. 특히 3 · 1 운동으로 수감자가 폭발적으로 증가했지요. 당시 시위 관련자 1,600여 명을 포함해 3,000여 명이 서대문 형무소에 갇혀 고초를 겪었어요. 그중에는 한용운, 유관순도 있었지요. 이후에도 김구, 안창호, 여운형 등 수많은 독립운동가가 이곳에 수감됐어요. 이곳은 독립운동가들이 재판을 받기 전부터 취조와 온갖 고문을 당하던 공간이기도 해요.

서대문 형무소 역사관 정문으로 들어가면 바로 보이는 곳은 '전시관(보안과 청사)'예요. 이곳은 서대문 형무소의 건축과 확장, 연혁을 전시하는 공간으로 과거 간수들이 서대문 형무소를 관리하기 위해 업무를 보았던 보안과 청사 건물을 활용했어요. 이 곳에선 서대문 형무소의 역사와 의미를 영상으로 볼 수도 있고,

전시관(보안과 청사) ©문화재청

그 당시 많은 독립운동가들을 기억하는 공간이 전시되어 있습니다.

전시관 지하로 내려가면 수감자를 조사하고 취조했던 공간을 볼 수 있어요. 서대문 형무소에 잡혀와 신체 조사를 받던 조사실과 일본 경찰이 취조를 했던 공간인 취조실로 이루어져 있어요.

12옥사 ⓒ문화재청

전시관을 나오면 중앙사와 옥사들이 보여요. '중앙사'는 간수들이 수감자를 감시하고 통제하기 위해 근무했던 공간으로 감옥 운영 현황과 감옥의 일상을 알아볼 수 있답니다. 특히 실제로 수감자들이 투옥되었던 '10옥사', '11옥사', '12옥사'와 여성들이 수감되었던 공간인 '여옥사'를 살펴보면 열악한 환경에서 수감되어 고초를 겪었던 독립운동가들의 당시 상황을 온몸으로 느낄 수 있어요.

그밖에도 수감자들이 노역을 했던 '공작사', 실제 사형이 집행되었던 '사형장', 사형 후 시신을 바깥 공동묘지로 이동하기 위해 외부와 연결해 놓았던 통로 '시구문' 등 서대문 형무소 역사관에는 독립운동의 역사를 볼 수 있는 많은 자료가 전시되어 있어요.

이곳에 방문해서 나라를 위해 목숨을 바친 독립운동가들의 뜻을 기억하고 나라를 사랑하는 마음을 기를 수 있는 소중한 시간을 만들어 보세요.

여기서 잠깐

유관순 열사 기념관

유관순 열사 기념관은 유관순 탄생 100주년을 기념해 2003년 충청남도 천안시에 세워졌어요. 이곳에는 〈유관순 열사 표준 영정〉이 봉안되어 있는데, 한국 화가 윤여환의 작품이에요. 유관순 열사 기념관에서는 아우내 만세 운동, 재판 과정, 옥중 투쟁, 서대문 경찰서 벽관 체험 등 유관순의 생애를 다양한 영상과 체험 전시로 살펴볼 수 있어요. 또한 유관순의 수형자 기록표, 호적 등본, 재판 기록문, 아우내 독립 만세 운동 주요 인물 재판 기록문 등의 소장품도 볼 수 있지요.

유관순 열사 영정 ⓒ문화재청

선사 시대 및 연맹 왕국				삼국 시대	남북국 시대

약 70만 년 전	약 1만 년 전	BC 2000년경	BC 400년경		0	100	200	300	400	500	600	700

구석기 시대

신석기 시대

청동기 시대

철기 시대

BC 200년경~494
부여

BC 200~300년경
동예

BC 200~56
옥저

BC 37~668
고구려

주몽(고구려)

BC 18~660
백제

온조(백제)

BC 2333~BC 108
고조선

단군(고조선)

676
삼국 통일

BC 57~935
신라

박혁거세(신라)

42~562
가야

후삼국 시대	고려 시대	조선 시대	대한 제국	일제 강점기	대한 민국

| 800 | 900 | 1000 | 1100 | 1200 | 1300 | 1400 | 1500 | 1600 | 1700 | 1800 | 1900 | 2000 |

발해
698~926

대조영(발해)

901~918 후고구려

궁예(후고구려)

견훤(후백제)

900~936 후백제

1392~1910
조선

이성계(조선)

1897~1910 대한 제국

1910~1945 일제 강점기

1945~했젤 대한민국

918~1392
고려

왕건(고려)

하루 한 장 **한국사**와 **국어** 실력 쌓기
만화로 만난 인물을 **독해**로 만나다!

who?

근현대사
독해 워크북

역사의 이해도를 넓히고 문해력을 키워 주는
근현대사 독해 워크북 특징!

1 **하루 15분 꾸준한 독해 활동을 도와줍니다.**

매일 1장씩 7일 동안 학습하면 성취감이 올라가고
자기 주도 학습 능력을 키울 수 있습니다.

2 **한국사 인물을 글과 문제로 깊이 이해합니다.**

만화로 알게 된 인물에 더욱 공감할 수 있고
역사적인 사실을 더 자세히 알 수 있습니다.

3 **다양한 형식의 글을 경험할 수 있습니다.**

일기, 편지, 강연록, 뉴스, 신문 사설, 광고문 등을 통해
문해력은 물론 국어의 모든 영역이 발달합니다.

유관순

최후의 순간까지
대한 독립 만세를 외치리라!

　이화 학당에서 배우고 익힐수록 일제에 대한 반감이 깊어진다. 우리는 왜 지배당해야 할까, 우리 것을 빼앗는 일제의 악행을 언제까지 참아야 할까, 학생인 내가 나라를 위해 할 수 있는 일은 무엇일까 하는 생각들이 점점 커지고 있다. 얼마 전 1919년 3월 1일에 만세 시위가 일어났다. 시위에 참여하면서 난 비로소 할 일을 깨달았다. 지금 공부보다 중요한 건 만세 운동이다. 며칠 후 난 다시 만세 시위에 참여했다가 경찰에 붙잡혔다. 경찰서에 갇혀 있어 보니 만세 운동은 생각보다 훨씬 더 큰 각오와 책임감이 필요한 일임을 깨달았다. 그날은 학장님과 선교사 선생님 덕분에 무사히 풀려났지만, 만세 운동을 계속하면 또 잡혀갈게 분명하다. 다시 잡히면 그때는 고문을 당할 수도, 목숨을 잃을 수도 있다. 하지만 난 어떤 고초를 겪게 되더라도 만세 운동을 멈추지 않겠다고 각오를 다졌다.

　만세 운동은 지금 전국 곳곳에서 일어나고 있다. 전국에서 독립 만세의 목소리가 울려 퍼져 나라 밖까지 닿으면 세상 사람들은 우리 민족이 얼마나 독립을 원하는지 알게 될 것이다.

　오늘 일제가 우리 학교에 휴교령을 내렸다. 며칠 내로 나는 만세 시위를 일으키러 고향 천안에 내려간다. 내 손으로 반드시 만세 운동을 성공시키고야 말겠다. 숨이 멎는 순간까지 '대한 독립 만세'를 외치리라!

1 다음 설명 중 옳지 <mark>않은</mark> 것을 고르세요.

① 일제가 이화 학당에 휴교령을 내렸다.

② 유관순은 나라를 위해 할 수 있는 일을 고민했다.

③ 유관순은 부산에서 만세 운동을 벌일 계획이다.

④ 한국인들은 독립을 간절히 원한다.

2 김일기 속 사건이 일어난 순서대로 번호를 쓰세요.

① 유관순이 만세 시위를 일으키러 천안에 갈 계획을 세웠다.

② 유관순이 만세 시위를 하다가 경찰서에 갇혔다.

③ 1919년 3월 1일 유관순은 만세 시위에 참여했다.

▶　　　　▶

3 유관순이 [보기] 와 같이 말할 때 가장 어울리는 목소리를 고르세요.

보기) 난 숨이 멎는 순간까지 '대한 독립 만세'를 외치겠다!

① 실망한 목소리　　　　② 결의에 찬 목소리

③ 화난 목소리　　　　　④ 슬픈 목소리

4 빈칸에 알맞은 말을 글에서 찾아 쓰세요.

유관순은 어떤 _____ 를 겪더라도 만세 운동을 멈추지 않겠다고

_____ 다졌다.

일제의 만행을 세계에 알려야 하네

로버트, 그동안 잘 지냈나? 나는 곧 정든 조선 땅을 떠나 고향 캐나다로 돌아가네. 이곳에서 해야 할 일이 아직 많지만, 일제의 압력 때문에 더는 머물 수 없게 됐다네.

나는 1919년 3월 1일에 일어난 만세 시위를 본 후로 조선의 독립을 진심으로 지지하고 돕게 됐네. 지금도 그때를 생각하면 가슴이 먹먹하다네. 그날 나는 동료의 부탁으로 만세 시위 모습을 사진 찍으러 갔다네. 거리는 태극기를 들고 대한 독립 만세를 간절히 외치는 군중들로 발 디딜 틈이 없었네. 그들은 시위를 해산시키려 총칼을 들이미는 일본 경찰과 군인 앞에서도 굴하지 않았지. 심지어 오랜 기간 핍박받아 분노가 클 텐데도 군중들은 평화를 지켰네. 하지만 일제는 시위자를 마구잡이로 잡아들이고 무자비하게 진압했네. 잔인한 보복도 서슴지 않았지. 경기도 화성 제암리와 수촌리에서는 일본군이 마을 남자들을 모두 교회에 불러 모은 후 불을 질러 죽이는 일도 있었네. 나는 위험을 무릅쓰고 사건 현장에 달려가 극악무도한 이 사건을 취재했네. 그리고 사건 보고서를 작성해 해외 신문사에 보냈네. 자네도 잘 알다시피 그 보고서는 세계적으로 큰 충격을 주었지. 하지만 그때 알려진 일제의 만행은 •빙산의 일각에 불과하다네. 나는 캐나다로 돌아가서도 조선의 실상과 일제의 비인간적 행위를 세계 사람들에게 알리는 활동을 멈추지 않을 생각이네. 다시 만날 그날까지 건강하게 지내게.

프랭크 윌리엄 스코필드 씀

1 편지 내용에서 스코필드가 한 일이 <mark>아닌</mark> 것을 고르세요.

① 3 · 1 운동 모습을 촬영했다.

② 캐나다에서 만세 시위를 이끌었다.

③ 제암리와 수촌리 사건 현장을 취재했다.

④ 일제의 만행을 보고서로 작성해 해외 신문사에 보냈다..

2 다음 설명 중 옳은 것을 고르세요.

① 제암리와 수촌리에서 많은 일본인이 죽었다.

② 스코필드는 자신이 작성한 사건 보고서를 누구에게도 공개하지 않았다.

③ 일제는 평화 시위를 하는 조선인을 보호했다.

④ 스코필드는 조선의 독립을 진심으로 지지했다.

3 [보기]를 참고해 '빙산의 일각'이라는 말이 적절하지 <mark>않게</mark> 쓰인 것을 고르세요.

> **보기)** 그때 알려진 일제의 만행은 빙산의 일각에 불과하다네.

① 지금까지 밝혀진 모습은 빙산의 일각이다.

② 네가 알고 있는 진실은 빙산의 일각일 뿐이야.

③ 내 친구는 재능이 뛰어나 어디서든 빙산의 일각이다.

④ 우리가 알고 있는 건 빙산의 일각에 불과해.

✏️ **낱말 풀이**

● **방산의 일각** 대부분은 숨겨져 있고 외부로 나타난 것은 극히 일부분임을 비유하는 말

한일 병합 조약이 강제로 체결되다!

　속보입니다! 지금 한일 병합 조약이 •공포됐다는 소식입니다. 1905년 일제는 을사조약을 강제로 체결해 대한 제국의 외교권을 빼앗았습니다. 그때부터 대한 제국은 일제의 허락 없이 다른 나라와 어떠한 약속이나 조약도 맺을 수 없게 됐습니다. 고종은 비밀리에 네덜란드 헤이그에 특사를 파견하여 을사조약이 불법임을 알리려 했습니다. 이를 빌미로 일제는 고종을 강제로 퇴위시키고 순종을 즉위시켰습니다. 일제는 이후 대한 제국의 •내정을 장악하고 군대를 해산했을 뿐 아니라 사법권과 경찰권도 빼앗았습니다. 이렇게 우리 땅을 식민지로 삼기 위해 단계를 밟던 일제가 결국 한일 병합 조약을 강제로 체결한 것입니다.

　궁궐 내부의 소식통에 따르면 일제는 이미 일주일 전인 1910년 8월 22일에 총리 대신 이완용과 통감 데라우치를 시켜 병합 조약을 강제로 체결했다고 합니다. 우리 민족의 거센 반항이 두려워 병합 소식을 일주일간 숨기고 있다가 이제야 조약을 공포한 것입니다. 한일 병합 조약에는 대한 제국의 통치권 전부를 일제에 넘긴다는 내용이 있습니다. 이로써 대한 제국은 •국권을 잃고 일제의 식민지가 되었습니다. 소식을 접한 한국인들은 모두 비통에 잠겨 통곡하고 있습니다. 우리 민족의 앞날이 어찌 될지 막막할 뿐입니다.

1 이 글을 읽고 짐작할 수 있는 사실이 <mark>아닌</mark> 것을 고르세요.

① 을사조약은 대한 제국의 외교권을 박탈하는 조약이었다.

② 고종은 헤이그에 특사를 파견하여 을사조약이 불법임을 알리려 했다.

③ 한국인들은 한일 병합을 반대했다.

④ 한일 병합으로 한국인들의 삶은 더 나아질 것이다.

2 다음 글을 읽고 맞으면 ○, 틀리면 X 표시하세요.

• 을사조약으로 대한 제국은 외교적 힘을 얻었다.　　　　　(　　)

• 일제는 대한 제국의 통치권을 인정하는 조약을 맺었다.　　(　　)

• 한일 병합 조약으로 대한 제국은 일제의 식민지가 되었다.　(　　)

3 빈칸에 알맞은 말을 글에서 찾아 쓰세요.

일제는 고종을 강제로 _____ 시키고 순종을 _____ 시켰습니다.

4 고종이 비밀리에 네덜란드 헤이그에 특사를 파견한 이유는 무엇일까요?

왜냐하면 _____ 때문입니다.

낱말 풀이

• **공포** 확정된 법률, 조약 등을 국민에게 널리 알리는 일
• **내정** 국내의 정치
• **국권** 국가가 행사하는 권력으로, 주권과 통치권을 이르는 말

우리 민족에게 희망을 준 전투

지금으로부터 100여 년 전, 우리나라가 일제의 식민지였을 때에 우리 민족은 고통 속에서 하루하루를 살아야 했어요. 수많은 사람이 나라를 되찾기 위해 중국 땅인 만주로 건너가 독립운동을 벌였어요. 이들은 독립군 부대를 만들어 두만강을 건너와 일제의 경찰서와 관청 등을 공격하고 일본 경찰과 싸웠어요.

위기를 느낀 일제는 독립군 부대를 모두 없애려고 만주에 대규모 •병력을 보냈어요. 다행히도 독립군 부대는 일제의 작전을 미리 알게 됐어요. 독립군은 일본군보다 병사가 아주 적었기 때문에 일본군을 피해 이동했어요. 하지만 일본군이 계속 추격해 오자 더는 싸움을 피할 수 없게 되었어요. 김좌진 장군의 부대와 홍범도 장군의 부대는 힘을 합쳐 독립군 •연합 부대를 만들었어요. 연합 부대는 만주 청산리 곳곳에 •매복해 있다가 뒤이어 들어서는 일본군을 기습 공격했어요. 6일 동안 이어진 전투에서 독립군은 일본군에게 큰 승리를 거두었어요. 적은 수의 병력과 열악한 무기로 이루어 낸 대단한 성과였지요.

여러분, 이 전투의 이름이 궁금하지 않나요? 독립을 염원하던 우리 민족에게 큰 용기와 희망을 준 이 전투는 바로 '청산리 대첩'이랍니다.

1 만주 청산리에서 독립군이 일본군을 크게 물리친 전투의 이름은 무엇일까요?

2 다음 설명 중 옳지 <mark>않은</mark> 것을 고르세요.

① 한국인들은 만주에서 독립운동을 했다.

② 독립군은 청산리에서 승리했지만 피해가 컸다.

③ 일제는 독립군 부대를 모두 없애려고 했다.

④ 독립군 부대는 두만강을 건너 일제의 경찰서와 관청을 습격했다.

3 빈칸에 알맞은 말을 [보기]에서 찾아 쓰세요.

> **보기)**　더구나　　그러나　　왜냐하면　　그래서

- 독립군은 일본군을 피해 이동했다. _____ 독립군의 병력이 아주 적었기 때문이다.
- 독립군은 병력과 무기 모두 부족했다. _____ 청산리 일대에서 일본군을 크게 무찔렀다.

4 다음 글을 읽고 알맞은 말에 ○표시하세요.

- 우리 민족은 (고통 / 안락함) 속에서 하루하루를 살아야 했어요.
- 독립군은 열악한 조건을 극복하고 (작은 / 대단한) 성과를 이뤘다.

✏️ **낱말 풀이**

- **병력** 군대의 인원. 또는 그 숫자
- **연합** 둘 이상의 집단이 서로 합동하여 하나의 조직체를 만듦
- **매복** 상대편을 불시에 공격하려고 일정한 곳에 몰래 숨어 있음

주제 : 나라를 위해 싸운 여성 독립운동가

여러분, 안녕하세요? 오늘은 남성 못지않게 위대한 활동을 펼친 여성 독립운동가들에 대해 이야기하려 합니다. 이들은 의병 운동부터 무장 독립운동까지 전방위에서 활동하며 나라의 독립을 위해 싸웠습니다. 훌륭한 여성 독립운동가가 많지만 강연 시간이 정해져 있어 아쉽지만 몇 분만 소개하겠습니다.

먼저 윤희순은 의병 활동을 하며 의병가를 지어 의병의 사기를 북돋워 주고 여성들을 설득해 의병 활동에 참여하게 했어요. 또한 군자금을 모금해 의병이 쓸 무기를 만들었지요. 중국으로 이주한 뒤에는 조선 독립단 가족 부대를 조직하고, 항일 운동가를 키우는 학교를 세웠답니다.

이화림은 일제의 주요 인물을 암살하는 비밀 •결사대인 한인 애국단에 들어가 김구, 윤봉길, 이봉창 등과 활동했습니다. 이화림은 상하이 훙커우 공원에서 벌어진 윤봉길의 폭탄 거사를 도왔고, 도쿄에서 이봉창과 일왕 히로히토 를 죽이는 작전도 함께했어요.

안경신은 독립 자금을 모으는 애국 부인회에서 활동했어요. 그 후 무장 독립군인 광복군 총영에 들어갔어요. 광복군 총영에서 일제의 식민 통치 기관을 습격하고 파괴하기 위해 폭탄 제조, 사격 등을 훈련받은 안경신은 동료들과 평양으로 잠입해 도청과 경찰서에 폭탄을 설치했어요.

독립운동가들은 개인의 삶과 •안위를 •마다하고 평생을 나라의 독립을 위해 살았어요. 우리는 독립운동가들의 뜻을 마음 깊이 새기며 그분들을 기억해야겠습니다.

1 ▶ 의병가를 지어 의병의 사기를 북돋고 여성의 의병 활동을 장려한 사람은 누구인가요?

> [   ]

2 ▶ 다음 설명 중 옳지 <mark>않은</mark> 것을 고르세요.

① 이화림은 한인 애국단에서 활동했다.

② 안경신은 평양의 도청과 경찰서에 폭탄을 설치했다.

③ 윤희순은 항일 운동가를 키우는 학교를 세웠다.

④ 여성 독립운동가는 손에 꼽을 정도로 수가 적다.

3 ▶ 설명에 맞는 말을 찾아 선으로 이으세요.

① 광복군 총영 •

② 한인 애국단 •

• ㉠ 일제의 주요 인물을 암살한 비밀 결사대

• ㉡ 일제의 식민 통치 기관을 습격하고 파괴한 무장 독립군

4 ▶ 빈칸에 알맞은 말을 글에서 찾아 쓰세요.

독립운동가들은 개인의 삶과 _____ 를 _____ 하고 평생을 나라의 독립을 위해 살았다.

✏️ **낱말 풀이**

● **결사대** 죽기를 각오하고 있는 힘을 다할 것을 결심한 사람들의 무리

● **안위** 몸을 편안하게 하고 마음을 위로함

● **마다하다** 거절하거나 싫다고 함

물산 장려 운동
조선의 물건을 사랑하자

　　1910년 일제는 회사를 설립하려면 조선 총독부의 허가를 받게 했습니다. 이 때문에 조선의 자본으로 세운 회사는 설립 허가를 받기도, 성장하기도 힘들었습니다. 급기야 일제는 1920년에 일본 회사와 상품이 마음껏 우리 땅에 들어올 수 있게 했을 뿐 아니라 *관세까지 없애려고 했습니다. 이대로 가다가는 조선의 경제는 모두 일본인의 손아귀에 놓일 것입니다. 이제 우리는 '물산 장려 운동'으로 조선의 기업과 경제를 지켜야 합니다.

1. 목적

• 우리 민족의 경제적 *자립을 이루자.

• 외세에 기대지 말고 우리 스스로 실력을 길러 독립을 이루자.

2. 실천 강령

① 외국 상품을 사지도 쓰지도 말자.

② 조선의 물건을 사고 먹고 입고 쓰자.

③ 수입 비단 대신 조선의 광목으로 만든 옷을 입자.

④ 조선에 없는 생필품이라 어쩔 수 없이 외국 상품을 써야 할 때는 최대한 절약해서 사용하자.

⑤ 조선의 자본으로 세운 민족 기업을 키우자.

－전국 물산 장려회－

1 ▶ 물산 장려 운동의 목적이 <mark>아닌</mark> 것을 고르세요.

① 외국 기업을 파산하게 하려고

② 실력을 길러 민족의 경제적 자립을 이루려고

③ 조선 기업이 만든 상품을 사용해 조선 경제를 지키려고

④ 조선 기업을 성장시키려고

2 ▶ 사건이 일어난 순서대로 번호를 쓰세요.

① 일제는 일본 상품이 마음껏 조선 땅에 들어올 수 있게 만들었다.

② 회사를 설립하려면 조선 총독부의 허가를 받아야 했다.

③ 조선인들이 물산 장려 운동을 시작했다.

▶   ▶

3 ▶ 다음 글을 읽고 알맞은 말에 ○표시하세요.

• 외국 상품을 사지도 쓰지도 말자.   (   )

• 조선의 광목 대신 수입 비단을 사용하자.   (   )

• 어디 것이든 품질이 좋은 제품을 사자.   (   )

✏️ ▶ **낱말 풀이**

● **관세** 나라에 수입되는 물건에 부과하는 세금

● **자립** 남에게 예속되거나 의지하지 아니하고 스스로 섬

서대문 형무소 역사관에 다녀왔어요

- **학습자:** ○○초등학교 ○학년○반 ○○○
- **학습 장소:** 서울특별시 서대문구   **학습 기간:** ○○월 ○○일 ~ ○○월○○일
- **학습 주제:** 서대문 형무소 역사관을 돌아보고 그 역사를 탐구한다.

- **학습 내용 및 자료 사진:** 서대문 형무소는 일제가 독립운동가들을 탄압하려고 만든 감옥이다. 1988년에 문화재로 지정된 이후 재단장해 역사관으로 쓰이고 있다. 서대문 형무소는 처음엔 500여 명을 •수용하는 규모였는데 나중에는 3,000명을 수용할 수 있을

서대문 형무소 ⓒ 문화재청

정도로 시설을 늘렸다. 그 이유는 3·1 운동으로 붙잡혀 온 독립운동가들이 정말 많았기 때문이다. 3·1 운동 당시 한용운, 유관순을 포함해 3,000여 명의 독립운동가가 이곳에서 고초를 겪었고, 그 이후에도 김구, 안창호 등 수많은 독립운동가가 이곳에 갇혔다. 일제는 독립운동가들이 잡혀 오면 재판을 받기도 전부터 그들에게 모진 고문과 •취조를 했다고 한다.

서대문 형무소 역사관에는 항일 운동의 역사에 대해 알 수 있는 전시관이 있다. 또 수감자들이 갇혀 있었던 •옥사와 수감자들을 통제하고 감시했던 중앙사, 사형장, 유관순이 갇혀 있었다고 전해지는 여옥사 등을 볼 수 있다.

- **느낀 점:** 갖은 고초에도 굴하지 않고 나라의 독립을 위해서 투쟁을 계속한 독립운동가들이 정말 존경스러웠다.

1 일제가 독립운동가들을 가두고 탄압하려고 서대문에 만든 감옥은 무엇일까요?

2 서대문 형무소에 대한 설명으로 맞으면 ○, 틀리면 X 표시하세요.

- 서대문 형무소에서 독립운동가들은 모진 고문과 취조를 당했다. (   )
- 서대문 형무소는 지금도 감옥으로 사용되고 있다. (   )

3 글쓴이가 서대문 형무소에서 느낀 감상으로 적절하지 <u>않은</u> 것을 고르세요.

① 서대문 형무소는 일제 강점기의 아픔이 느껴지는 곳이야.

② 나라를 위해 희생한 독립운동가들이 존경스러워.

③ 결국 붙잡힐 걸 알면서도 독립운동을 하다니 참 어리석다.

④ 다시는 나라를 뺏기는 아픔을 겪지 말아야 해.

4 '쓰이다'라는 말이 [보기]와 같은 뜻으로 쓰인 것을 고르세요.

> **보기)** 서대문 형무소는 재단장한 후 역사관으로 쓰이고 있다.

① 편지에 뭐라고 쓰여 있니?

② 시골에 있던 그 학교는 지금 캠핑장으로 쓰이고 있어.

③ 모자가 작아서 머리에 잘 쓰이지 않네.

④ 그 아이가 자꾸 신경 쓰여서 집중이 안 돼.

✏️ **낱말 풀이**

- **수용** 범법자, 포로, 물건 등을 일정한 장소나 시설에 모아 넣음
- **취조** 범죄 사실을 밝히기 위하여 혐의자나 죄인을 조사함
- **옥사** 죄인을 가두어 두는 건물

유관순

1일
1 ③
2 ③ → ② → ①
3 ②
4 고초, 각오

2일
1 ②
2 ④
3 ③

3일
1 ④
2 ×, ×, ○
3 퇴위, 즉위
4 을사조약이 불법임을 알리려 했기

4일
1 청산리 대첩
2 ②
3 왜냐하면, 그러나
4 고통, 대단한

5일
1 윤희순
2 ④
3 ①-ⓛ, ②-ㄱ
4 안위, 마다

6일
1 ①
2 ② → ① → ③
3 ○, ×, ×

7일
1 서대문 형무소
2 ○, ×
3 ③
4 ②